運動脳をグングン鍛える

# チバトレ

千葉啓史

Chiba Hiroshi

CHIBATORE

晶文社

アスリートが現場で実践している
# チバトレ
## 楢﨑智亜選手編

前後の重心移動に合わせて手を伸ばす。

1

# 2

左右の背骨の動き（側屈）と重心移動に合わせて手を伸ばす。

3

**前後の重心移動に合わせて、上半身を捻る。**

4

両腕でしっかり床を押しながら、前後の重心移動。

5

両腕でしっかり床を押しながら、上下の動き。

6

**前後の重心移動に合わせて振り返る。**

# 7

前後の重心移動に合わせて胸を開く。
動きの中にある二つの軸がはっきり見える。

# 8

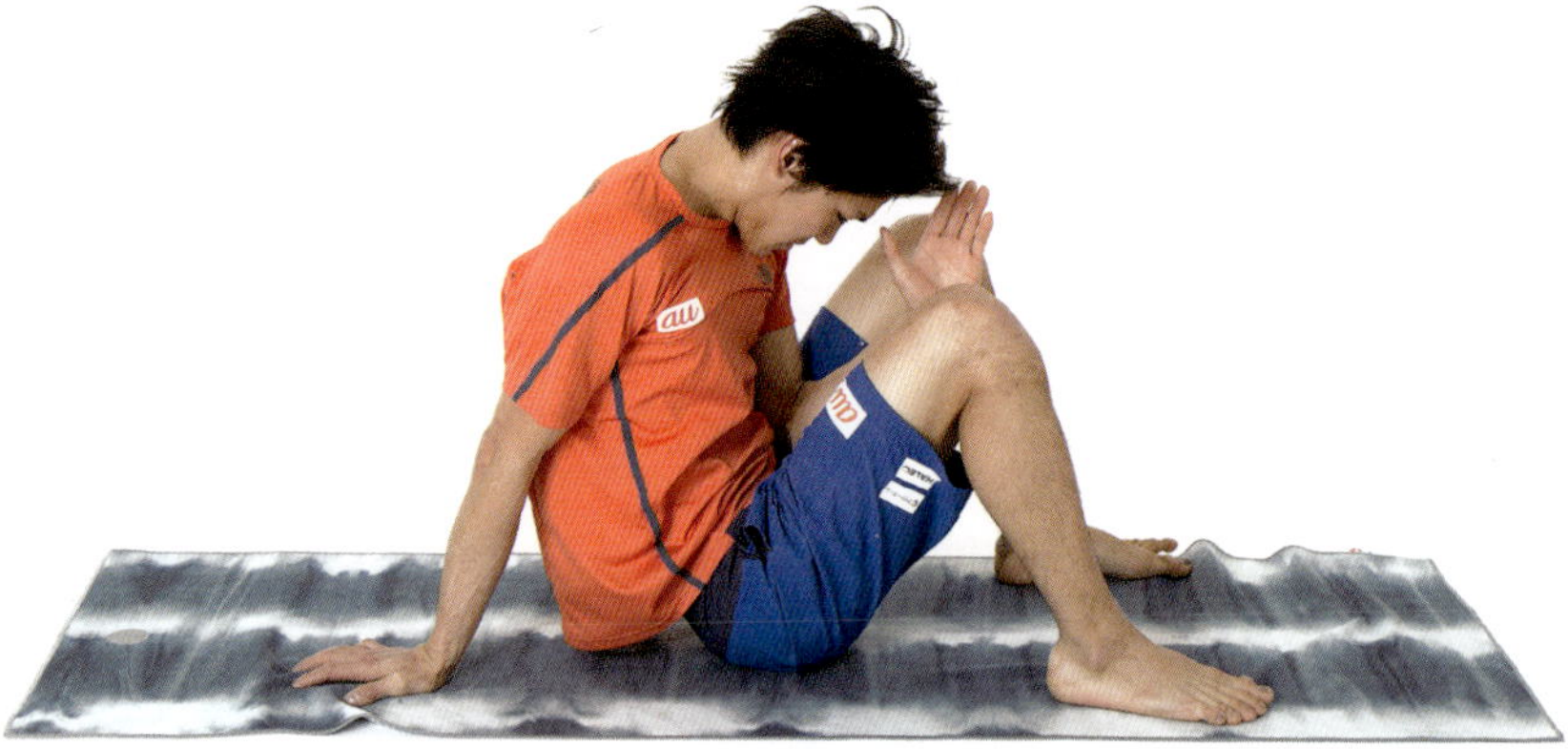

中心に力を集めてから、末端に広げていく。

9

骨盤と肩甲骨の動きのつながりを意識しながら、
立体的に重心移動を行う。

# 10

左軸はしっかり床を押し、右軸は前後に手足を伸ばす。

アスリートが現場で実践している

# チバトレ

CHIBATORE

## 野口啓代選手編

1

バランスボールにしっかりと指を立てて軸を通す。

# 2

対角の手足で床を押し、横向きの姿勢で骨盤と背中を安定させる。

# 3

骨盤と肩甲骨を連動させ、側屈を強化する。

4

同側軸の強化。

# 5

股を締める、肋骨を締める、背中を広げることによって、中心に力を集める。

6

前後に開脚し、上下と前後にからだを広げていく。
こちらも手の形に注目。

# 7

開脚した状態から、骨盤を前方に転がす動き。
お腹を伸ばしたままの姿勢で腕を伸ばしていく。

8

**開脚した状態から、右軸に完全に乗り込んで体側を伸ばしていく。**

運動脳をグングン鍛える

# チバトレ

ブックデザイン……河村誠
撮影……川本聖哉
モデル……野口啓代（プロフリークライマー）
檜﨑智亜（プロフリークライマー）

運動脳をグングン鍛える

# チバトレ

contents

第2章

# 実践チババトレ 動きのチェック

第５章
# 陸上動作への応用チバトレ

はじめに

# 「チバトレ」はどのように誕生したか

チバトレは講習会やパーソナルレッスンで出会った多くのトップアスリート、アマチュアアスリート、ビジネスマンから東京消防庁の方々に至るさまざまなクライアントたちとのセッションの中から現場で誕生したエクササイズです。

なかでも野口啓代選手と楢﨑智亜選手という日本を代表する世界的な二人のトップアスリート（クライマー）のトレーニングに関わることができたというのはとても大きなことでした。彼らに出会ったことで、これまで考えて蓄積してきた運動理論についてさらに加速して進化させることができるようになったのです。

もともと私は科学的根拠や最新理論を学ぶためにさまざまなセミナーなどに出席したり、書籍や論文にあたったりするなかで自らも実践・実験しつつ、吸収したものを関わっていたクライアントたちに指導するということを行っていました。そして彼らにもある一定の効果を感じてもらい、私もそれで満足していました。

しかし野口選手との最初のセッションで大きな壁に当たることになりました。彼女からまったくOKが出ないのです。このエクササイズは良いですね、と言ってもらえない。これまで自分の中に蓄積してきたものを提示しても通用しません。まったく手ごたえを感じることができませんでした。大会での彼女のパフォーマンスを見ても、そこに自分が関わっていることが感じられず、貢献できているという感覚がとても薄かったのです。

けれども、どうやってそのギャップを埋めたら良いのかがわかりません。これまではうまくいっていたのに、なぜだろう。何が足りないのだろうと悩む日々が続きました。そして考え抜いた結果、その答えを「外」に探しても見つからないことに気がつきました。答えは目の前にあったのです。

運動については一人ひとりに対して「**正解**」が変わります。実はそのことこそが正解だったのです。セオリーがない、セオリーが成り立たない、ということがアスリートの正解でした。そのためにあるのがトレーニングなのです。

どの競技でもプロは一流で、その分野におけるエキスパートです。そうしたプロ同士が争っているのが競技で、プロが他のプロに差をつけるためにはその人なりの抜け道を探して、周りとは違う方向に活路を見出す必要があります。

他の誰かに当てはまったことが、いま目の前にいる人に当てはまるとは限りません。また過去にうまくいっていたからといって、いまうまくいくとも限りません。そして他の誰かがそれで成功したことを取り入れても、その人との差はそこでは埋まりません。

そのことがわかっていなかった私は過去の成功事例や他の選手の成功事例を当てはめようとしてし

まったのですが、野口選手にはそれを拒まれてしまいました。
その人にとっての活路というのは、その人と一緒に見出すしかない。そのことに気づき始めた頃に野口選手から紹介されたのが、楢﨑智亜選手でした。

楢﨑選手との出会いも衝撃的でした。初めて一緒にクライミングジムに行って、動きを見ながらレッスンをすることになりました。動きを見ると、これまでのクライマーに感じたことのない違和感を覚えました。異次元の感覚でした。片脚を壁に触れずに登る、ホールドを片手でしかつかまずに課題を攻略するといったことを遊びで行っていました。それはまるで野生の猿のようだったのです。それこそがこれからご紹介する「**二軸の動き**」でした。さらに観察すると、普通の人が背骨の動きを止めて手足を動かして動いているのに対して、楢﨑選手は背骨から動き出していました。からだを動かすルールがまったく違ったのです。

つまり、筋力の強さや関節の可動域（身体機能）ではなく、**からだの使い方**（身体操作）に彼の強みがありました。そこで、これまでの理論やセオリーに当てはめることなく、しかしその蓄積を生かしながら、さらにその身体操作を発展させるためのトレーニングを考えようと思ったのです。それがチバトレでした。
チバトレは、私が出したお題を楢﨑選手がどう攻略するかという、「からだ遊び」を通じたセッションの中から立体的にできあがったものです。もちろん、ちゃんとしたトレーニングも行っています。しかし、圧倒的にそうした遊びの時間が多かったのです。そして探究心、好奇心が旺盛な楢﨑選手はそういう時間にとてもいきいきと取り組んでくれました。

それを横で見ていた野口選手もからだ遊びに興味を持ち始めました。繊細な重心移動を得意とする野口選手と、ダイナミックな体重移動を得意とする楢﨑選手では、からだを動かすルールが違っています。野口選手が得意なことが楢﨑選手は苦手で、楢﨑選手が得意なことが野口選手は得意ではありませんでした。

真逆な二人が一緒にトレーニングすることで思わぬ発見もありました。あるとき、得意でない体重移動系のメニューがうまくできず、野口選手が悔しがっていたことがありました。そのとき、楢﨑選手が「何を意識して、どういう感じでおこなったらよいか」についてのコツを野口選手に教えていました。そして、その通りにしてやってみると、野口選手もできなかった動きができるようになったのです。

からだ遊びというのはそれがよいところです。選手が選手に対して、自分で感じた感覚をコツとして伝えることができる。そして選手は感覚＝コツの方が理解しやすい（トレーナーがくり返し理論的な話をしても伝わらないことも多いのですが……）。なおかつ、その感覚をダイレクトに本番で生かすことができます。遊びのなかで得られた感覚は、同じ遊びを行うことで再現できるので、チバトレを体験したことのあるアスリートは、試合前のウォームアップで自然とそうしたからだ遊びをおこなうようになっていきます。

アスリートが持っている感覚と、それをどのように表現するのか、どこでどのように感覚＝コツをつかんでいくのか、ということをからだ遊びをブラッシュアップしていく中で発見することができました。

本書で紹介しているエクササイズは身体操作のレベルアップをはかるものです。それゆえ、身体機能についての説明（細かい筋肉や関節の名前など）がほとんど出てきません。またエクササイズのやり方についても詳細に説明が書かれていないと感じるかもしれません。

あくまでこうしたエクササイズは「素材」です。この素材をまったく違うそれぞれの人に対してどのように提供していくか、ということはそのつど変わってくるのです。あるときはそのエクササイズを動きの評価のために取り入れるかもしれませんし、あるときはバランスを整えるために取り入れるかもしれない。またあるときは可動域を広げる目的で行うこともあるでしょう。「同じ」エクササイズであっても、まったく意味が「違う」ものになるのです。「これをやるとこうなる」という一方向的なものではなく、エクササイズの効果はその場その場で変化していくものなのです。

エクササイズをどのように使うのかということは、読者の皆さんが自由にアレンジしていただければよいと思っています。エクササイズ自体には正解も間違いもありません。

ここで紹介しているエクササイズというのは、あまり世の中に流通していない動きばかりです。私は皆が気づいていない、また気がつきにくい要素をアスリートの現場で重要視しています。そうしたまだ一般的でない基準や価値観（四足二軸理論）に動きを通して触れることで、視野と動きの幅を広げていただければと思っています。

難しかった課題、また苦手だなと思っていた課題がクリアできたときに人は成長を感じます。一般的に難易度がそれほど高くない課題でも自分では苦手意識があったことをクリアできたら、できるようになった！　と感じられるでしょう。また、自分が得意なことの限界を新たに破ることができても能力の向上を感じられるでしょう。チバトレはその両方の成長に貢献できるものだと思っています。

誰かがすでに考えたことや、これまで常識とされてきた枠組みからではなく、動きや状態に関心をもって目の前にいるトップアスリートを見たときに、彼らの運動パターンが、普通の人ができない（できていない）ものすごく高度なレベルの組み合わせから構築されていることがわかりました。

そして、彼らの動きを見て、それらを要素分解しながら、私の中にあったさまざまな理想的な運動イメージに重ねていくうちに、いまだ知られざる運動におけるもう一つの究極のルールをエクササイズとして取り出す準備ができました。

それが、本書を通して紹介していく、チバトレであり**「四足二軸運動」**です。

まだまだ未完成なトレーニング体系ではありますが、一度試していただければ、必ず何らかの効果を感じていただくことができると思います。

ぜひ自分なりの進め方でトレーニングを行い、よりよい状態と望んでいる動きを手に入れてみてください。

本書の構成について簡単に説明しておきます。

第1章では日本が誇る世界的な二人のクライマーがどのようにチバトレに取り組み、日々のトレーニングで何を感じているかに迫ります。アスリートの現場で起きていることを読者の皆さんにも体感いただければと思います。

第2章では、実際に皆さんにからだを動かしていただいて、今の身体操作のレベルがどのような状態にあるかをチェックしていただきます。チェックを試してみて、「ある程度できる」「やってみて楽しい、気持ちが良い」という方はチェック項目だけをトレーニングとして行っていただいてもかまいません。

半分以上できなかった、あるいは動きがよくわからないという方は第3章のチバトレベーシックエクササイズ（特に1〜10の項目）の「ほぐしの動き」から始めてみてください。ここで紹介しているエクササイズは非常にシンプルですが、本書の中でも最重要エクササイズといっても過言ではありません。ぜひトレーニングを行うごとに取り入れていただければと思います。

前後しましたが、第2章の前半部ではチバトレの基礎的な理論（考え方）を紹介しています。チバトレで大切にしている五つの運動感覚を紹介し、トップアスリートはなぜ「トップアスリート」なのか。その動きの秘密に迫り、私たちがそこに追いつき追い越すためには何が必要かについて探求していきます。

第4章は二軸感覚を養うエクササイズを中心に紹介しています。同様に第5章では実際に陸上での動作につながっていく応用的なエクササイズを中心に紹介しています。第4章も第5章も動けるからだを作るために必要なエッセンスを厳選して紹介しています。専門的に運動を行っている方などには役に立つ内容になっていると思います。

チバトレで得た感覚や動きを質の高い状態で維持するための種目を紹介しているのが第6章です。こちらはマットを使わないでできる坐位と立位でのエクササイズを紹介しています。マットを使用してはいませんが、マットで行った運動とポイントはまったく同じです。

どこから読み進めていただいても、いずれも同じものをゴールにしているので、順番やアプローチは自由です。自分にとっていま必要だなと思ったものからチャレンジしてみてください。理論から入りたい方は理論を先に読んでいただいてかまいませんし、理論が得意でない方はいきなりエクササイズに取り組んでいただければと思います。

最初から最後まで読み通す必要はないですし、嫌いなエクササイズは飛ばしてしまって結構です。しかし、面白いことに本書を読み進めていただいて、エクササイズに挑戦していただければいただいたほど、やり込めばやり込んだほど、動き全体がからだの中でつながってきて、自分が飛ばしていたところが実は自分にとってはとても重要で、それができるようになることで能力が伸びていくと自然に感じていただけるはずです。

最終的にはすべてがひとつの目的に向かっていくのです。

# 第1章 アスリートはチバトレでどのように変わったのか

野口啓代選手・楢崎智亜選手

## ——チバトレをはじめたきっかけは何ですか？

**楢﨑**：僕はずっとW杯で勝てなくて、予選落ちをくり返していたときに、いろいろな先輩にアドバイスを聞いて回っていたのですが、そのときに野口選手に千葉さんを紹介してもらったのがきっかけです。楢﨑選手にあっていると思うから行ってみたらと。

千葉さんに会う前は、クライミングの中で他の人からもらったアドバイスを取り入れて試すという程度で、特別に誰かに何かを教わってトレーニングするということはおこなっていませんでした。自重を中心にからだは鍛えていて、腕立てふせをしたり、懸垂したり、階段を猛ダッシュしたり、逆立ちで歩いたり、クライミングに効果がありそうなものをおこなっていましたが、完全に自己流でしたね。

的確なアドバイスをもらえたこともあり、チバトレを始めてから効率の良いからだの使い方について「そうだったのか！」という発見がたくさんあって、わずか三か月後にはW杯で初優勝することができました。さらにその半年後には世界選手権ボルダー種目で優勝できたのです（日本人史上初）。そのまま年間チャンピオンにもなれました（こちらも日本人男子史上初）。

初めのころはセルフコンディショニングを中心に、自分のからだを整えるということをテーマにして指導してもらっていました。からだに無頓着だったし、自分のからだをケアするということをまったくしておらず筋肉の状態も左右のバランスもあまりよくなかったので、そこを整えるということから始めました。

**千葉**：楢﨑選手の動きを見たことがある人は良くわかると思うのですが、とても個性的なんです。他の人と動きのルールが違う。課題を登ることとは関係ないパフォーマンスで目立つ選手（笑）。とにかく誰もできない動きをジムで突然やりだすんです。誰の眼から見てもあの人の身体能力はどうなっているんだ⁉　と驚かされる。

壁に登って、バク転して降りてくるとか、片手で飛びついて、そのまま反動を使って次のホールドに飛び移るといったターザンのような動きをやる。皆は驚かされましたが、W杯の成績はというと表彰台にも上ったことがないという状態でした。

最初は彼の性格がまったくわからなかったので、絶対に良い反応が出るものだけをやろうと思い、自分の中で鉄板になっているエクササイズだけを紹介しました。彼は体操をやっていたのでからだは柔らかかったのですが、クライミングを始めてから、ストレッチもウォームアップもせず、登り終わったあとのクールダウンもしていなかったので、からだがガチガチになっていました。動きを見ても危なっかしいし、大怪我をしそうな印象。ケアをしないので、疲労もたまっていてコンディションも落ちていました。そのことを気にも留めていないそぶりだったので、もったいないな、と思いました。

それで、まずはからだが快適に動きやすくなるような、セルフコンディショニングに関するメニュー（ストレッチなど）を紹介しました。僕も一緒に動きながら行ったのですが、見ていると僕の動きとはどこか違っている（笑）。からだの動かし方のルールがそもそも違うんです。そして「これ、こうやったほうがやりやすいんですけど、それでも良いですか」と聞かれました。面白いなと思ったのでそれを認めました。やりたいようにやってもらった方がうまく行きそうだなと感じていたのです。

そのときやっていたメニューって今でも続いているよね。

**楢﨑**：そうですね。同じメニューを続けています。最初に紹介してもらったときから「これはいいな」という感覚がありました。「やりたいようにやっていいよ」と言ってもらえたこともあって動きやすいですし、だから続いているんだと思います。

**千葉**：楢﨑選手の動きの第一印象としては「背骨の動きが大きい」。普通の人はあまり頭を振って動かないと思います。けれども彼は、動くときにいちいち首から頭を大きく動かしながら、リズムを取ってからだを動かしていくんです。反動を使ってリズミカルに背骨をよく動かしてからだを使おうとする。

野口選手は逆で背骨を動かさない。背骨に対して手足を動かすタイプのからだの使い方をしていました。楢﨑選手の場合は手足の前に背骨が動き、背骨の動きのあとに手足を使う。私はそういうタイプの選手をこれまで指導したことがなかったので、面白そうだなと思いましたが、同時にすごいやつを見ることになっちゃったな……とも思ったのです。普通のアプローチ、通常のセオリーが当てはまらないわけですから。

ただ、動きを見てみると、きちんと働いていた方がよいだろうなという関節がうまく動いていない。そこでまずは、いろいろな方向に立体的に股関節が動きやすくなるように、股関節まわりのストレッチを行ったことを覚えています。背骨はよく動いていたので、股関節の動きと組み合わせて重心コントロールがしやすくなることを狙っていました。

しかし、最初はめちゃくちゃからだが硬かった（笑）。

**楢﨑**：そうですね（笑）。ガチガチでした。

**千葉**：クライマーは一人ひとりがまったく違う身体感覚を持っていて、ある人にとってよいものが他の人にとってはまったくよくないということが往々にしてあります。これは気に入る、これはダメという差が激しい。皆わがままなんですよね（笑）。

ですので、当たり外れのないこと、ウォームアップでストレッチをしようということと、登り始めは丁寧にからだを動かすということと、終わったあとにクールダウンで簡単な課題を丁寧に登る時間を作るということ。登り終わったあとにはリカバリーをして、明日もからだを動かすことができるような準備を終わった時点でしておく、ということから始めました。

**楢﨑**：これまでそうした方が良いなんて他の誰かに言われたことがありませんでしたし、考えたこともなかったです。教えてもらってからは真面目にそれを取り入れてやるようになりました。そうしたらたしかに毎日楽に軽く動けるようになりました。

**野口**：千葉さんとは、プロクライマーの小山田大さんと一緒に登ろうと思っていったジムでたまたま一緒になったのがきっかけです。最初は大会の前に、寝返り（ローリング）やジャンプだけを見てもらいました。

当時は誰かにトレーニングを教わるという考えがほとんどなくて、多くのクライマーがクライミングだけやっていたら、クライミングの能力が伸びるだろうという発想だったと思います。でも私自身は新しいトレーニングにチャレンジしたり、またクライミングだけやってみたりという試行錯誤をしていた時期でした。

**千葉**：鴨居にあるプロジェクトというジムですね。プロジェクトは国内でもトップクラスの環境を備えたジムです。そこで相談を受けて、からだの使い方を見てみたかったので、二階にあるトレーニングスペースで簡単なスクワットの動きとジャンプ系の動きと左右の股関節の可動域のチェックと寝返り動作のチェックをしました。それが最初ですね。

スクワットやジャンプの動きを見たら、とにかくめちゃくちゃなフォームで動いている感じがありました。結果としてそれで飛べているならよいのですが、あまり飛べていないし、懸垂も強いのですが、フォームが荒削りすぎてからだにとても負担がかかっているように見えました。それで、まずはそうした動きを整えようというところからスタートしたんです。

**野口**：それまではあまり運動のフォームとかを意識したことがなかったんですよね。それで怪我をしたこともなかったし、課題も登れていたから、改善しようとは自分では思っていませんでした。

**千葉**：当時はクライミング能力を問われる課題が多く、たまにフィジカル要素が問われる課題がほんの少し混じっているという程度でした。でもそのほんの少しの部分が重要なカギを握っていました。野口選手としても登れない課題について、クライミングの技術の問題なのか、トレーニングで改善できるフィジカルな問題なのか、完全には判断がつかなかったように思います。だから最初は半信半疑でトレーニングしていたよね（笑）。

**野口**：クライミングは自分で考えて、自分で解決していくもの、という雰囲気がすごくあったんです。一般のスポーツのように人に教わる感じがなくて、もっとアウトドア寄りで、自分で探求していくことが求められていました。千葉さんのトレーニングを受けた初期の感想としては「うん、力はついたな」という程度でしたね（笑）。千葉さんもこの本で紹介されているようなはっきりした理論で指導されていなかったですし。

**千葉**：メインで行ったのは、股関節のトレーニングでしたね。スクワット、デッドリフト、懸垂、ベンチプレスなどなど。一番直さなくてはならないと感じたのは股関節の縦方向の出力でした。先ほど言ったように当時のコンペでは、ジャンプして片手で次のホールドに向かうランジ、両手で同時に次のホールドに飛びつくダブルダイノというリスクのある動きが頻繁に求められる状況が発生しており、課題をクリアするためには壁の中でジャンプをしなくてはならない、というフィジカル要素が少しずつ色濃くなってきていたのです。

野口選手は背が高く、柔軟性があり、壁の中でのポジション取りが上手だったので、それまでは苦手なランジを回避して登ることができていた。しかし、絶対ランジをしなくては登れない課題が増えてきた。野口選手もそれに何となくは気がついていました。それで股関節系のトレーニングをして、ジャンプができるようにならないと試合では勝てないと思うと伝えました。

ジャンプの動作を見ると、ランジの前に、まずジャ

ンプができていませんでした。そしてジャンプの前にスクワットができていない。さらにスクワットの前に、そもそも床を押すという感覚がなかった。足でしっかりスタンスを蹴って、下半身の力で距離を出すということが苦手でした。その部分のトレーニングがどうしても必要だったのです。

壁の中で自身がムーブとして行っていること以外のバリエーションがとても少なく、自分がどのように動いているか、ということも理解していなかったと思います。もっと言ってしまうと興味を持ってさえいなかったかもしれない。

**野口**：「登れればいいんだ」という感覚が強かったんですよね。どういうフォームで登っているかわかる？　と聞かれたときも、それを意識する必要があるのか。いままでそんなことしないでも結果を出してきたし、困ったことはなかった、と思いました。振り返ると、自分のどこが強くて、どこが弱いかよくわかっていなかったんだと思います。

**千葉**：課題をなぜ登れたか、なぜ登れないかということの奥にある原因について理解してもらう、ということが必要でしたが、そこになかなか意識をもってもらえないことが私にとっての課題でした。

野口選手は誰もが認めるクライミング界のスーパースターで、一方、僕はクライミング経験者ではありますが、コンペに出たことも見たこともないレベルだったので、どうやって同じ目線で進んでゆけばよいか、結構悩みましたね。

トレーニングでやっている段階と実際に競技の中で起こっているレベルの開きが大きすぎて、「このトレーニングは私が向かう本番の舞台にどうつながってくるの？」という疑問が生まれてしまい、なかなか納得してもらえなかったんです。

**野口**：やっぱりトレーニングをやるより、壁に向かって登る練習がしたかったんです。壁を登っているときは何も意識したくなかったし、どうやってからだを動かしているかということもあまり考えたくなかった。

**千葉**：正直に言うと、最初はそれに共感することができませんでした。自分で動いているのに、なんでそれを気にしないんだろう、と。でも、彼女は無我夢中で登るほうが自分らしく登れるから、と言います。そこはけっこう意見が分かれたところですね。

**野口**：そうでしたね。はじめのころはそれほどみっちりトレーニングをしているわけでもなく、間隔もまちまちで、トレーニングをする時期もあれば、クライミングだけをやる時期もあるという感じでした。というのも、フィジカルやフォームだけではなく、壁の中での感覚というのが自分にとってはクライミングをする上でとても大切だったからです。きちんと自分でからだをコントロールできている感覚が大事なので、人に教わったことを行っていても難しい面があるな、と思っていました。

**千葉**：トレーニングのオーダーとしては、普通に登っていても勝てないタイプの課題が増えてきたので、それを克服するためにからだの使い方を見直したい、というものでした。野口選手の要望に応じてその範囲でトレーニングを提供することがしばらく続いていましたが、あるタイミングから多少は意見を求められるようになりました。

最初はあまり意見を聞く気がなかったの？

**野口**：子どもの頃から何かを教わるという経験がほとんどなかったですし、結局は目の前の課題が登れれば、フォームや使い方はなんでも良いのでは、という考えもありました。「考えてからだを動かす」ということをしてこなかったから、それがどういうことなのかよくわからなかったんですよね。言われたことをその場ではできても、その後自分で再現できないことも多かった。トレーニングでできても、それがコンペでできなかったら意味がないから、理解してそこまで落とし込むのに時間がかかってしまって。

ただ、いろいろ教わったことは、すぐには生かせなくても、後で「あ、あのとき言われたことはこういうからだの使い方についてだったのだな」と腑に落ちる瞬間が来るので、時間差はありましたがとても身になっています。

いまでは実際の結果としてもダイノができるようになりました。単純なダイノで落ちることは決定的に少なくなりました。チバトレを始めてから二年後で総合優勝できましたし、相当に効果が出ていると思います。

**千葉**：彼女は力を入れる緩急がとてもはっきりつけられる人です。そして課題を登る力、一本の課題を落とすための執着力がものすごい。彼女が「絶対に登る」というオーラを出すと、あ、これは確実に登るなというのが見ている側に伝わってきます。これは野口選手が勝つんだなと感じさせる何かを持っている。自由自在にゾーンに入れる選手と言っても良いと思います。あるジム内での大会で、彼女がゲストとして参加していて、なんと男性枠での出場となったことがあります（女性枠で出てしまうと誰も勝てないので）。そのときも試合が進むごとにテンションが高まっていって、並み居る国内ランカーの男性を抑えて優勝してしまったのです。そのとき、この人は本当のトップアスリートなんだなと痛烈に感じました。

ところで、現在行っているくらいみっちりトレーニングするようになったのは、野口選手が脚を怪我してからくらいじゃなかったかな。

**野口**：そうですね。一週間後にW杯を控えた頃、壁での練習中に脚がホールドにひっかかってしまうという思わぬアクシデントで、腓骨の靭帯を損傷してしまいました。傷めた直後はとても酷い状態に感じられて、もう今シーズンは終わりだなと諦めていました。どうしたらよいのかわからなくなってしまって、千葉さんに連絡すると、すぐに病院を紹介してくれて、一緒に付き添ってもくれました。診断してもらうと、思ったほどには悪くなっておらず、軽度の靭帯損傷でした。そこからリハビリも含めて改めてトレーニングについて考えるようになったんです。

**千葉**：診察を受けた翌日に、さっそくコンディショニングを行いました。すると、何だか登れそうな気がすると野口選手が言います。様子を見て無理しないようにと伝えたところ、できる範囲で登ってみますという返事がきました。ジムでの練習が終わった頃、野口選手から連絡がきました。「大会にも出られそうです」と。そしてそのままW杯に参戦しました。結果として予選ではなんとトップで、そのまま決勝まで残り、四位で大会を終えることができました。あまりにも平常どおりの様子で登っていたので、野口選手が怪我をしていたことに誰も気づかなかったのではないだろうかと思います。

しかし、これはトレーナーとしてはまったくおすすめしません。怪我がかえって長引く可能性もありますし、無理を重ねることでとてもからだに負担がかかります。実際に私もやめておいたほうがよい、と意見を述べましたが、最後に決めるのは選手です。トレーナーは選手の意見を尊重せねばなりません。

ともあれ、こうした互いの価値観の違いや怪我を乗り越えて、一緒にトレーニングを積み重ねてきています。

## ――ここまで続けられている理由とは？

**野口**：ある程度クライミングについて自分で考えたり、自分で伸ばせる部分は伸ばしきったなという感覚がありました。自分で考えてもわからないことはたくさんあるけど、他人は自分にない発想を持っているし、視点を持っている。だから少し頼ろうと思ったんです。自分はからだのことを勉強してきたわけでもないし、トレーニングに精通した専門家でもない。だったら、専門家に聞いて教わったほうが早いですよね。

またずっと感覚的にクライミングに取り組んできたので、感覚がずれてしまうと、感覚で戻すしかなかったんです。だからちょっと怪我をしたり、からだのバランスを崩してしまうと、自分で元に戻すのにとても時間がかかっていました。脚を怪我したことで、そうしたことがはっきりと自覚できるようになりました。

チバトレを本格的にはじめてから、どこを直す必要があって、どこを調整するとバランスが整うのかということを自分にあった形で教えてもらったので、自分自身でも細かく調整ができるようになり、ブレが少なくなったなと思います。頭でもからだでも何に取り組めばよいのかが明確に理解できていて、両方がつながっていることが大事だなと思います。

**楢﨑**：もともと自分は他の人とは動き方が違っているなと思っていて（普通の人ができない動きができる

反面、普通の人ができる動きができない）。周りからも変わった動き方するよねと言われてきたのですが、その動きについてはじめて納得できるように解説してくれたのが千葉さんでした。「ここがこうなっているから、この動きのときにこうなる」と、自分の動きのメリットとデメリットを教えてもらったときに、なるほど！　と感動しました（笑）。それで、きちんと自分の長所を伸ばすトレーニングが、からだの特性を理解できたうえで行えるようになったのと、やってはいけない動きのパターンも教われたことで、これまで以上に動きの幅が広がりました。

**千葉**：楢﨑選手については、これまで見たこともないような動きのパターン（四足二軸運動）を持っていたので、ストレッチ系のエクササイズの次に、あまり他の人にはやらせていなかったメニューを試してみました。まずはそれで「この人のからだはどのようになっているのか」と探りを入れていく感じです。それを面白がってくれたのでどんどんエスカレートしていきました（笑）。彼の場合は、メニューを一つ与えると、「これはこうやった方がやりやすいですね」というようなかなりはっきりしたリアクションが返ってきました。それをこちらで解釈して、発展させていったものが「チバトレ」のベースの一つになっています。

野口選手と楢﨑選手は二人とも世界チャンピオン経験者ですが、二人の違いとして、野口選手は課題に合わせてからだを動かしていくイメージで、楢﨑選手は動きに合わせて課題を登っている。楢﨑選手の場合はまず動きがあるんです。自分のからだはこう動かしたいという動きの方向性があるので、エクササイズの課題を投げると、それに対する「このように動きたい」という意思表示がはっきりと示されるのだろうと思います。野口選手の場合は、あるエクササイズにおける動きの組み立てがどうなっているのかを細かく詰めて提供することが要求されます。

**檜﨑**：チバトレは現場のアドリブでどんどんエクササイズが変化していくのが面白いんです。できないメニューも結構あるのですが、面白くて勝手にそれにどんどんはまっていく（笑）。失敗すると「こうやったら良いのかな」と新しいアイディアが出てくるし、動きを探っていくのが楽しいんです。

**――実際にどのようにチバトレを行っていますか？**

**野口**：登る前のアップとして、教わったルーティーンを行ったり、ストレッチしたり、からだを温める動きをしたりしています。それからクライミングに入っていきます。

たとえばコンペの現場ではウォーミングアップの壁の程度が低かったり、環境によって国内外あちこちでまったく違っているので、クライミングのルーティーンができないこともとても多いんです。場所によって

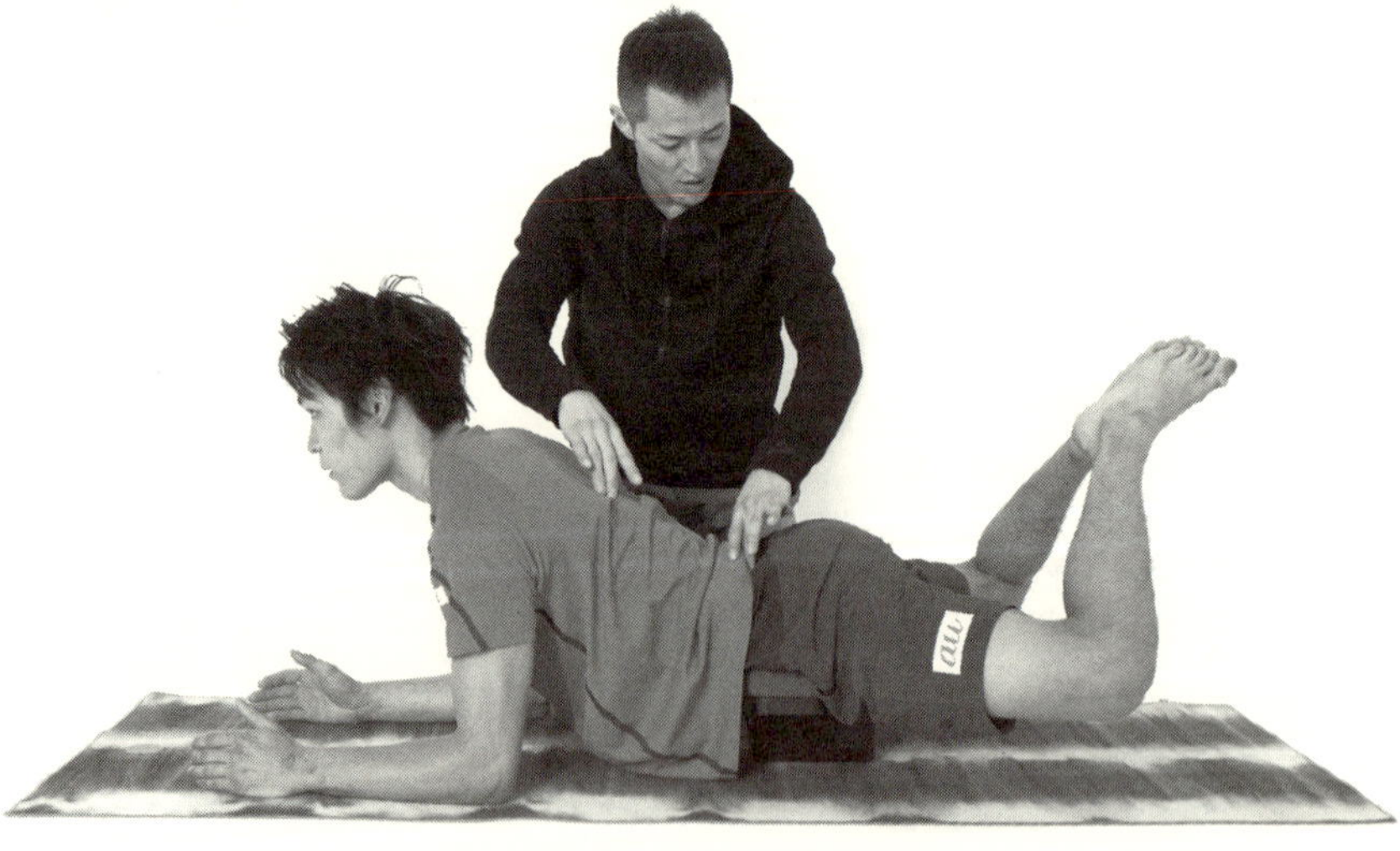

は寒さで、何もしないで登ったら指がかじかんでしまうこともあります。そうしたシチュエーションに対応するためにも自分自身のからだの動かし方を環境に左右されないで再確認できるチバトレのルーティーンがあることがとても安心感につながっています。また実際に、それが動きの質を高めることにもつながっています。特に股関節、体幹系の種目を取り入れています。

**楢﨑**：先に千葉さんから指摘されましたが、僕の場合チバトレに出会うまで、一切アップをしていませんでした（笑）。たいてい、クライミングジムに行っても、突然一番難しい課題に登りだす、というスタイルでした。でも、ゆっくりアップをしていくことで、パフォーマンスのブレがなくなるということに気がついて、チバトレを組み合わせてアップメニューをいくつか作りました。

　全身を使うメニューを作ってもらって、それをずっとやっていたのですが、慣れてきてしまったので、さらに強度をあげていっています。ただ失敗もあって、一度凄い強いチューブを使って、アップの強度をとても強くしたことがあるんです。そうするとからだは温まっているので登り始めたら、凄い勢いで登れるんです。でもそうやって上げた熱は瞬間的なもので、すぐに急降下してしまい、練習中もちませんでした（笑）。

**野口**：そのときのことをよく覚えてるけど、繊細なことがまったくできなくなって、全部ごり押しのスタイルになっていたよね。

**楢﨑**：からだができているから、やれるだろうと思ったんですよね。でも指先や足先の繊細さや、ゆっくりした重心移動などがとてもやりづらかったです……。最近は適度な強度でアップするようにしています。

## ――千葉さんからみたトップ選手二人について

**千葉**：二人をみていると、和食と洋食くらい、味も、献立も、作り方も、コンセプトも違っています。求めているムーブや動きの方向性、からだの使い方がまったく違うんです。

楢崎選手の場合は動きの流れというか、全身の弾力感、躍動感、張力感、リズム感というものが求められています。こちらの難しい点はコンペの課題や傾向をある程度予想してそれに合わせて調整しておくとぴったり準備がはまるわけですが、必ずしも予想が当たるわけではないので、準備が裏切られることもあるわけです。そうすると、マイナスなイメージが残ってしまう。だから細かく調整しておくというより、テーマを決めないでまんべんなく動きにフォーカスしておくという感じになっています。

野口選手の要望を端的に表すと「抜きたいところが全部抜けてないとヤダ」となります。出力の際にはきちんと力が入るけれども、抜こうとしたときに抜けている状態がよい、という。これは本当に難しいオーダーです（笑）。でも一緒にトレーニングしていて「これはイイ」とたまに野口選手にコツンと響く場所があるんです。そうした反応やひらめきを手がかりにしてメニューを設計しています。

コンペということでいうと、野口選手の場合、大会の前にほぼ結果が決まっているといっても過言ではありません。大会に臨む表情や雰囲気からそれがわかります。だから準備がすごく大事になります。楢崎選手は逆で、蓋を開けてみても最後の最後までわからない。とても冷や冷やします。でも一方でとんでもない結果を引き寄せてくることもある。

野口選手は繊細な感覚が出ているかどうかで調子の良し悪しを判断しています。繊細な重心コントロールができて、リスクの低いムーブができているかどうか。一方で楢崎選手は動きの軽さ、つまり体重移動のしやすさ、リスキーな動きを躊躇なくできているかどうかで調子を判断していますね。

**野口**：登っているときに、いまのからだの使い方、いまのかみ合い方はすごく気持ちがよくて、いまの感覚を極めていったら凄く良くなりそうという瞬間があるんです。トレーニングで動いたとき、それと同じ感覚に触れられて、「あ、この動き知っている。すごい調子の良いときに使える動きだ」、と。調子がいいときは疲れていても不思議と力が出せるんです。トレーニングしているときに、そういう状態になることがあったんですね。

**千葉**：「これ久しぶり！」って言っていたよね。たまに「ここが筋肉痛になるのは久しぶりで、めっちゃ幸せです」というメールがきます（笑）。

**野口**：私はそういう感覚を大事にしてからだをずっと作ってきたので、あ、いまの呼吸の入り方はすごくいいなとか、これだったら難しい課題でも登れそうだなというフィーリングがいっぱいあります。この指の感触はすごく調子が良い証拠だとか。そうした感じが全身のいろいろなところにあるんです。

**千葉**：課題の傾向の変化にはもう一つあり、ホールドがどんどん大きくなっていきました。それに合わせて、見た目の派手なダイナミックなムーブを求められることが増えました。これは野口選手が得意としてきた繊細な重心コントロールではなく、ダイナミックな体重移動をしなくてはクリアできない課題なのです。連動性を要するし、胴体部分を動かさなくてはクリアできません。

そうしたダイナミックな動きを苦手とすることが、リザルトに対して足を引っ張っているのはわかっていたのですが、そちらを意識しすぎると、野口選手の持ち味である繊細さが薄れてしまう。

**野口**：力が抜けていて、からだの重さを先端で感じて、末端の感覚が良くないと私は自分らしく登れないんです。体幹に力が入ると呼吸が止まってしまう。そうすると壁の中で力が入りすぎてしまって、脳が働かなくなってしまう。そうなると自分としてはすごく壁の中で窮屈さを感じてしまいます。疲労もたまりやすくなる。

末端を生かしながら、ある程度ダイナミックな動きをする、その両立が矛盾していることはわかっていますが、両方を求めています。

**千葉**：たしかに相当難しいことだと思います。壁の中での無意識的な反応が出る状態にしておきながら、からだ全体をダイナミックに使うことも可能にする。でも、僕から見ているとまだまだ野口選手の力というのはこんなもんじゃないと思います。伸び代もありますし、ここ一番での輝きは他の追随を許さないものがあります。これからどれだけそうした輝きを放つことができるか、トレーニングを通して、感覚にヒットするものを動きとしても取り出せるように探っていくということが野口選手との取り組み方になっています。

**野口**：千葉さんから動きや感覚についてのフィードバックをもらうことで、それらが頭で理解できるようになってから、それらをとても早く再現することができるようになりました。自分の場合、ここところの感覚が良いとベースができていて、次の段階に進めると理解しています。だから、調子が悪いなと思うときは致命的になる前にそのベースを取り戻すように整えることもできています。結果として、それまで激しかった調子の波が穏やかに安定してきたように思います。

**千葉**：野口選手の場合は「燃えた地図」という表現があっていると思います。もともとはとても良い感覚があったのに、それが燃えてしまって取り戻せていない箇所がいくつもある。だからそれらを復元していこうということでした。もともとあったものだから、一度取り戻す方法がわかれば、再現性は高くなります。

**野口**：昔はあまりレスト（休息）することができなかったんです。レストすると感覚が消えてしまうから、なるべく毎日登って感覚をずっと消さないでおかないと、大会に向けてとても心配になってしまいました。一日レストしただけでも感覚を結構忘れてしまうんです。だから二日間レストするなんていうと、もう怖くて。

でも今はある程度のベースに戻す方法もわかっているので、積極的にレストできるようになりました。その分、負荷をかけて練習できるようになりました。昔は疲れた状態がずっと続いていたので高負荷の練習ができませんでした。そこが一番大きなポイントかもしれません。

**千葉**：楢﨑選手の場合とても印象的なことがありました。最初に出会ったとき、あまりにもフィジカルに自信が満ち溢れていたので、「クライマーの中で自分より凄いと思える人はいるの？」って聞いたんです。すると答えは「いない」でした。

でもその時点では優勝していないわけです。でも絶対自分はチャンピオンになるって言っている。実際にランキングも三〇位くらいで表彰台にあがるどころか、決勝にもほとんど残っていませんでした。それでもチャンピオンになると。

フィジカルだけを見れば、クライマーの中でも飛びぬけているのがわかります。ボルダリングという種目はフィジカルがより問われる競技なので、フィジカルが強ければ他を圧倒できるアドバンテージがあるはずなんです。他の選手から見れば楢﨑選手が一番脅威的な存在であるのは間違いない。他の人が絶対にできないことができて、周りもそれを認知しているけれど、大会の成績にそれが反映されず、リザルトからは強さがまったく伝わってこない。なぜ本番で彼が登れない課題があるのか、どんな課題を彼は登れないのだろうか、というところがとても気になりました。

本人はどう思っているのかと思って、先の質問をしたんです。すると俺より強いやつはいない。でも自分より弱いやつに負けているから悔しい、そういう返事でした。僕にとってはそれがとても好印象だったのです。そんなことを言う選手に今まで出会ったことがありませんでした。

それで僕も、その通りだと思う、フィジカルは一番強いのだから、基礎的なクライミングスキルを見直していけば、成績が上向くと思うよ、と。フィジカルトレーナーとして「問題はフィジカルを生かすこと」と伝えたのです。

本人は「フィジカルのどこを鍛えたら良くて、弱点はどこにありますか」と聞いてきたのですが、そうではない。フィジカルは世界トップレベルに満たされている。でも、自分の長所が何だかわかっていなかった。自分が他と比べて何がすごいのか、何を武器にしたらよいのかがわかっていませんでした。だからそれを見つけて伝えるということをくり返して行ったのです。

楢﨑選手の場合は、とにかく強さを壁の中で証明しようとしていて、必要のない無駄な動きがとても多かったんです。簡単な5級くらいの課題をものすごく雑な動きで登る。3段などの難しい課題はできるのですが、簡単なものを攻略するための丁寧なムーブがまったくできていない。簡単な課題を難しく登っていました。要はムーブが読めていなかったんです。皆が脚を使っているところを手しか使わずに登るということをしてしまうので（笑）。

**野口**：私と真逆なんですよね。私は目の前の課題をいかに効率的に、力を使わずに楽に登るか。もっともリスクの低いムーブを選択できるかを考えています。

**千葉**：楢崎選手の場合順番が逆なんです。皆が絶対にできることができなくて、皆ができないことができた。誰にもできないことがすでにできているのだから、皆ができることはすぐできるはず。順番が逆なだけで、考え方を変えてそこを埋めていけば、コンペの成績もついてくる。簡単な課題を簡単に登る練習をすすめて、そこから始めました。身体の使い方を理解して、登り方を考えるということです。

これまで彼は「一番凄い登り方」をしよう、という課題との向き合い方をしていました。その課題における一番リスクの少ない登り方、一番楽な登り方とは何か、ということを考えていませんでした。その上で自分が一番強いはずなのになぜ勝てないのかと悩んでいた。が、これは、矛盾しているわけですね。一番強いのは課題をクリアして勝った人であって、まず課題が登れなければ、どんなに強い実力があったとしても、誰からもそれを認めてもらえません。だから、まず勝とう。とにかく勝つ登り方をしよう。負けてしまったら、それこそが一番格好悪いことなんだということで、競技への態度や取り組み方を変化させていきました。勝ったら一番格好良い。勝ち方は勝てるようになってから考えよう。そう徹底していったら楢崎選手は「それでいいなら勝ちますよ」と言って、結果本当に勝つようになりました（笑）。ほとんどマンガみたいだなと思います。

**楢﨑**：チバトレを始めてから、本当に意識が変わりましたね。フィジカルに問題はないと言われたときは「まさか⁉」と思いましたが、その通りでした。考え方や取り組み方、より細かいからだの使い方を重点的に教わったことで、いままでうまくかみ合っていなかった部分がしっかりリンクしてくる感じがあって、結果もついてきました。

登っていても気持ちいいなという感じになることが多くなりました。以前はグレードが難しくても簡単でも、登っていてキツイなと感じることが多かったんです。それが、流れるように登れるようになってきて、余裕も生まれるようになりました。

**――チバトレのおすすめポイントを教えてください**

**楢﨑**：チバトレは運動強度を追求して限界まで追い込むトレーニングではないので、老若男女どの年代の方も無理なく自分のペースで行えると思います。コンディションも整って、自然に動けるようになるエクササイズ。自分も普段から毎日のようにチバトレを行っています。

**野口**：トレーニングにはさまざまな種類や教え方があると思いますが、誰に見てもらうか、そしてその理論や考え方が自分と合っているかということが大事だと思います。提案されているからだの使い方や考え方が自分に合っているかどうかで、まったく意味がわからず伝わってこないこともあるし、一方ですぐに理解できたり、実践できるということもあると思います。

本を読みながら一人でチバトレをするというのも良いと思いますが、やはり千葉さんに直接教わることで得られるものがとても大きいと思います。ですので、おすすめは本で読んで実践しつつ、なおかつ講習会などに出て指導を受けるということです。

本当にちょっとしたこと、細かいことで動きやトレーニングの質がまったく変わってしまうということがあるので、ぜひ高いレベルを目指してトレーニングを続けてもらえればと思います。

**楢﨑**：千葉さんの場合、何をどうするべきか、今何ができていないか、からだの部位をどのようにするといままでできなかった動きができるようになるのか、とても的確に言葉で伝えてくれると思います。最初は難しいことも多いですが、説明の通りにやってみると、次第にできるようになってきて、自然に動けるようになってきます。そのとき、きれいに連動が起きて「おぉ！」という感覚になりますね。それが楽しくてチバトレに取り組んでいます。チバトレすることで地上（床）で動きを学んだら、その感覚を壁の中での動きに馴染ませていく作業が控えています。

自分の場合は繊細に動くことを意識しすぎると、持ち味のダイナミックさが影を潜めてしまうということがあり、そこで葛藤がありました。繊細さを意識することで、本来は大胆に行くべき場面でも、大胆に行かないほうが良いのではないかと躊躇してしまうことがあったのです。動きのメリハリ、スイッチの切り替えが必要になっています。

ただ、これもまだ成長の過程なので、繊細な動き、丁寧な動きを取り入れることができるようになったのと同様、いずれはクリアできると思います。個人的にはそこを頑張っていきたいと思っています。

**野口**：クライミングはフィジカルだけで勝負が決まるわけではなくて、フィジカルをどう使うかということについて、実際に壁に向かう中でつかんでいく必要があります。からだが強ければよいということで推し進めてしまうとやはり勝てなくなってしまう。

私の場合は壁を登るのが好きすぎて、できればトレーニングはしたくないんです（笑）。ずっと登っていたいし、あまり力も使いたくない。トレーニングをたくさんやって疲れて登れなくなるのはもっといやです。筋肉もつけたくない（笑）。

それでもチバトレを続けているのは、そうした要望にもきちんと応えてくれるメニューがあるからです。無理なく最短距離でゴールを目指すためになすべきこと、歩む方向がチバトレには明確に示されているので、クライマーに限らずあらゆるアスリート、からだの改善を求めている人にほんとうにおすすめだと思います。

解説

# 「アスリートが現場で実践しているチバトレ」について

**【楢﨑智亜選手】**

動きの最大の特徴としてまったく軸がずれないということが言えると思います。写真で見るとわからないかもしれませんが、それぞれの動きはそれなりのスピードと大きな動きで構成されています。それでもスタートポジションの中心軸が運動方向に対して一切ずれることなく動作が行なわれています。また力みもまったくありません。運動方向や、力を発揮する方向に対して、余分な体勢のブレが起こらないのです。だからまったくロスなく力を伝えることができています。

それはからだの中心から指の先まで意識がつながっているから可能なのです。その上でからだ全体を最大限大きく動かしています。末端をからだの中心から遠くに伸ばそうとすることによって、中心部分が伸ばされようとするテンションがかかります。そうするためには重心移動の勢いに合わせて、手足を最大限大きく動かす必要があります。が、それを選択すればするほどブレる可能性が出てきます。ブレのコントロールと大きく動くという矛盾をいかに共生させるか、ということが動きの難しさです。からだが柔らかければできるというものでも、筋肉が強ければできるというものでもありません。からだ全体を同時にコントロールすることによって実現できるものなのです。

ここにあるエクササイズは彼が準備運動で取り入れているルーティーンです。といっても可動域を出すために行っているわけではなく、身体操作の感覚を養い、これから自分が自分らしく動くための動きのルールを再確認しているのです。クライミング競技においていえば、さまざまな方向に体重移動や重心移動をしなくてはならないので、パフォーマンス中に重要視している関節同士を上手に連動させてからだをコントロールする練習をしています。

楢﨑選手は全身を協調させ一つの塊として動かすことができています。完璧ではないけれど、ほぼ左右対称なレベル。そして、その中の左右における非対称性やそれぞれの動きのやりやすさ／やりにくさを把握しながらストイックに追求しています。そのことがボディコントロールにおけるミスが少ない理由です。細かい動きへの意識の向け方のレベルからして、世界トップクラスの選手だといえるでしょう。

そしてこうしたウォーミングアップのエクササイズを通して、からだへの意識と動きを精密に調整しながら、もっとも良い状態に整えたところで本番の試合に臨んでいるのです。

ここに挙げたウォーミングアップエクササイズは固くなりやすい部分、可動域を広げることによって身体パフォーマンスのダイナミックさを獲得できるルーティーンです。楢崎選手は猫やチーターのように背骨を器用に丸めてそらす動きを使うタイプの動き方を得意としているので、比較的からだの前面を伸ばすタイプのストレッチを好んでおこなっています。

動きを見るとからだを大きく二分割して動いているのが感じられると思います。動いていく方向のからだの使い方と、残すからだを一つの動作の中に完璧に五〇対五〇の割合で共存させています（これが二軸感覚です）。ということは、動きの中で時間差ができるということです。残っている方が追いつくときに、伸ばされたほうが縮もうとする作用が生まれるので、そのときにさらに伸びが生まれます。先行させているからだと追いついていくからだ、もしくは先行させるからだと残るからだがあって、そこに楢崎選手特有のバネの要素、リズミカルな要素が潜んでいます。

壁の中での派手なパフォーマンスもさることながら、これだけの身体操作レベルというものを努力して獲得したことでそうした動きが壁の中でも自然に行うことができ、本番でまったく力むことなく大胆な動きができているのです。

性格が大胆なのではなく、慎重で真面目であるがゆえに、そうした動きを壁の中で行うことができる。それが最大の強みになっています。彼の動きを最初に見たときに浮かんだイメージによって、彼の特徴が何かを探りながら引き出したものが巻頭の動きになっています。これらのエクササイズは最初に彼に会って伝えた時からずっと続けているものなのです。

## 【野口啓代選手】

野口選手の特徴は、指の先、足のつま先まで意識がしっかり通っているというところです。たとえば、「1」（巻頭一四～一五頁）はヒップリフトというエクササイズなので、通常であれば手のひらの向きを逆にして胸を広げて、どちらかといえば股関節を意識してお尻の筋肉の強化を狙うものですが、野口選手の場合はクライミングの際にとても不安定な体勢で小さなフットスタンスに力を正確に加える目的で行っているエクササイズなので、足の指の先にまでしっかりと胴体からの力を伝えるという狙いがあります。からだの中心からの力を末端に伝えるというイメージです。比較的流通しているエクササイズに競技特性を加えることでアレンジしたメニューになります。

楢﨑選手の行っていたのはオールアスリートにおすすめのエクササイズです。楢﨑選手のことを知らない人が見たとき、この人はいったい何のスポーツ選手なんだろうと思うかもしれません。しかし、さまざまなスポーツの分野で成功しそうな雰囲気を感じられると思います。クライミング競技の場合、クライミングだけが得意なアスリートも多いのですが、彼の場合はスポーツ万能なアスリートがクライミングをやっている。そこが彼の強みだし、トレーナーとしてもそこを伸ばしていけるように考えています。

野口選手の場合、クライミングの中でクライミングに必要な要素を磨き上げてきた選手なので、楢﨑選手とは対照的なトレーニング構成になっていて、磨いてきた長所をさらに伸ばすための方向で進めています。

末端に力を加える意識の細やかさ、中心の感覚と指先の末端の感覚、先端に力を加える、先端まで力を伝える、通すという部分が彼女が持っているずば抜けた感覚です。また不必要な個所の力を抜くというのがとても得意な選手でもあります。静的で持続的な筋力発揮の場面だけれども顔が力んでいないというところにそれが表れています。

かつて彼女は体幹を安定させるのがあまり得意ではありませんでした。力を抜くのが得意な反面、抜けすぎてしまうこともあり、必要な場面で体幹を安定させる意識が薄れ、不安定な動きを行ってしまうことがありました。けれど、トレーニングの中で、止めるところを止めるという感覚、必要な部分を安定させながら、それ以上に力まないようにする練習に意識して取り組むことによって苦手を克服しつつあります。

クライミングの壁の中のシチュエーションを想定してエクササイズを行っているので、手の形に注目してもらうと、ホールドを持っている形になっていたり、足の指先もスタンスを踏んでいるような見え方になっていると思います。単純に体幹を固定する目的でエクササイズを行っているのではなく、実際に何かホールドを持ちながらスタンスを踏んでいるという、壁の中のある場面を常に意識しながらエクササイズを行っています。実際にこの動きがクライミングのシーンのどの場面のどの部分に役立つのかということがイメージできた中でエクササイズが行われているというのが特徴です。

彼女の身体的特徴として手足が長くて関節の可動域が広いということが言えると思います。私と出会う前は、そうした可動域の広さを利用した課題の登り方を強化してきていました。しかしその反面、体幹を安定させる能力が低かったのです。

エクササイズ自体はどこかで見たことのあるものかもしれません。が、エクササイズのどこに意識をもって選手に取り組んでもらうか、ということがとても大切になるのです。

彼女はクライミング以外の運動があまり得意なタイプではありませんでした。そのとき私はこれが得意だなと思うものを本能的に伸ばしていったのです。それが上半身の筋肉と指の力、それから柔軟性でした。それらはクライミングにも役立つし、鍛えることで登りやすくなっているということも感じていました。それらは彼女が自分の武器として認識して高め続けてきた一つの集大成といえるでしょう。

そんな中で私が彼女に伝えたのは、ストレッチはストレッチ、壁の中は壁の中で分けるのではなく、からだ全体の意識を壁の中の感覚としっかり融合させるということが大切なのではないかということです。

トレーニングにおいてはここで紹介している種目以外にも、積極的にツールなども活用していて、常に新しい感覚をどんどんからだに取り込んで、より動きを発展させていく新しい動き方のアイディアが生まれるような環境を作っています。

身体操作の基礎レベルをさらに引き上げるということと、新しい素材をからだに取り入れて新しいレシピを生むヒントを養成していくということと、まだ使い切れていない（現時点では短所でもある）

潜在的な人間の運動能力を引き出すために日夜新しいアプローチにも取り組んでいるのです。

さて、少し裏話になりますが、アスリートのエクササイズ撮影はどれもほぼ一発ＯＫでした。この本に価値があるとすれば「リアル」なものであるということです。流れの中で動きを撮影し、ポージングを一切してもらっていません。楢﨑選手の場合は五分程度ですべてのカットの撮影が終わりました。エクササイズを失敗したり、撮り直したりもしていません。彼らはそのくらいこのエクササイズをやりこんでいるのです。歩く動作を失敗しないのと同じレベルでこれらのエクササイズ撮影を行っていました。

もちろん最初はここに映っているほど整った状態で動けてはいませんでした。毎日の反復による何千、何万回という動きの積み重ねが、本書に収録されたこのシンプルな写真の裏側に控えているのです。

実際にこれらのエクササイズに取り組むとき、最初は写真のような姿勢を確実にきちんととってから行ってみてください。その姿勢がどのようなものなのかをからだで理解することから始めるのをおすすめします。そのようにして何度もくり返すことで力の入る感覚を覚えたら、徐々に点と点をつなげて動いていくというふうに段階的に練習していくのも良いでしょう。とにかくたくさんチャレンジしてみてください。

第2章

# 実践チバトレ
# 動きのチェック

## 1：チバトレで大切にしている五つの運動感覚

チバトレを実践することで獲得できる、あるいはチバトレによって獲得を目指したい五つの感覚がありります。もしトップアスリートの動きを手に入れたいと考えるのであれば、これらは必須の感覚になります。

・お腹から脚を動かす感覚
・首と胸部と肩甲骨の連動
・二軸感覚
・張力感覚
・骨感覚

それぞれについて説明していきましょう。

**・お腹から脚を動かす感覚**

一つ目が「**お腹から脚を動かす感覚**」です。

なぜこの感覚が大切かというと、この感覚が大腰筋《だいようきん》を使えているかの指標になるからです。大腰筋を使う感覚がある人は、脚がお腹から動いているという感覚を得ることができます。これについて運動指導の現場で感じているのは「何となくはわかっているけれども、そこに意識付けができるようになるとより使えるようになる人が多い」ということです。姿勢を意識することと脚をどこから動かすかという感覚を意識するだけで比較的実現することが容易だろうと思います。これが実現できると、エクササイズを行うフォームの質が一気に変わるということも多いです。

お腹から脚を動かす感覚を得るためのポイントは**「お腹を固めないこと」**です。お腹を固めて動く＝体幹を固定して動かそうとすると、チバトレが要求しているインナー（深層筋）の使い方と呼吸の意識が変わってしまいます。ですので、お腹を固めずに動くようにしてみてください。

大腰筋から脚を動かすと、骨盤（仙腸《せんちょう》関節）が動きます。言い換えると、骨盤（仙腸関節）から脚を動かすといっても良いのですが、その結果として股関節が理想的な動き方になっていきます。それにより歩き方も、走り方も、投げ方も、すべてのスポーツ動作の質が変わります。

大腰筋は背骨（上半身）と脚（下半身）をつないでいる筋肉です。この筋肉の特性として、どちらかの大腰筋がうまく動かな

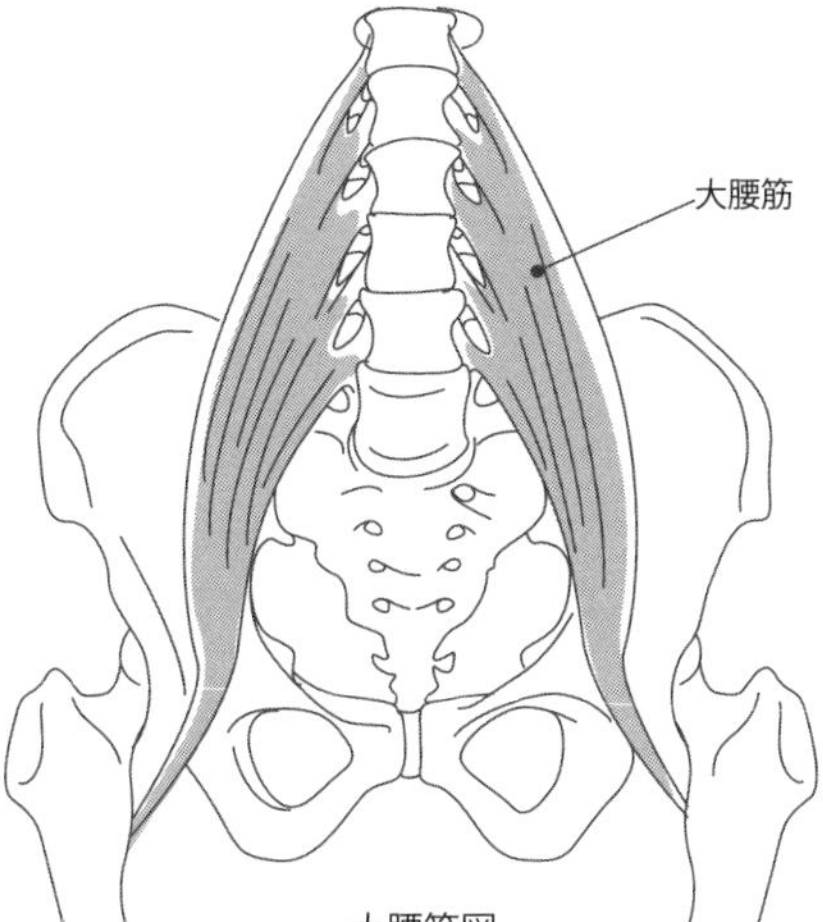

大腰筋図

いと、反対側の大腰筋がうまく動かないということがあります。正常なコンディションが作れていれば、片側の大腰筋が縮むとき、反対側の大腰筋が伸びる動き方をします。その結果、お腹から脚を伸ばして動かせるようになり、股関節と骨盤が連動して動くようになります。

**【感覚を得るためのエクササイズ】**
骨盤歩き、サイドロールなど

## ・首と胸部と肩甲骨の連動

二つ目が**「首と胸部と肩甲骨の連動」**です。

まず、腕を動かすポイントが肩甲骨（肩甲帯）になります。そして肩甲骨から腕を動かすためのポイントになるのは**「肋骨を締める感覚」**です。膝を緩め、骨盤と背中を軽く丸め、胸を落とすことで肋骨を締めることができます。そのとき背骨・骨盤・肩甲骨が連動した状態でからだを動かすことができます。

肩甲骨と肋骨の動きがないと、四つ目に大切な「張力《ちょうりょく》感覚」が働いてくれません。張力を作るためには肩甲骨と骨盤のコントロールが重要になっていきます。

またそれに付随して、首と胸部も重要になってきます。トップアスリートに共通して見えるのが、首の動きと胸部の動きと肩甲骨の動きが大きいということです。

彼らは**頭の重さを利用して動く**ことができます。

そのために頭の重さを支えている首の部分を、たんに頭を支えるために使うのではなく、動きに対して使っています。だから皆首が太くなっています。そうすることで首と胸部と肩甲骨を連動させてからだを動かすことができているのです。

トップアスリートは皆が動かしていない関節を動きの主役として使っています。

**【感覚を得るためのエクササイズ】**

キャットポジション、ルックバック、ロールアップ・ロールダウン、バッタポジション、ワニポジションなど

### ・二軸感覚

三つ目が「**二軸《にじく》感覚**」です。

二軸感覚と中心感覚を使い分けることが大切です。中心感覚を意識している方は比較的多くなっていると思います。こちらは背骨を安定させよう、背骨を固定させて動こう、中心を残して動こうという感覚です。その対極にあるのが二軸感覚で、「**背骨を動かして動こう**」というものです。そのためには肩甲骨と大腰筋がうまく使えることが必要になっています。

二軸感覚を持っている状態を言い換えると「両利きの動き」とも呼べるかもしれません。左右の動

きを同じ感覚でもってコントロールできるということです。苦手がない状態です。

二軸の感覚で動けると、張力を上下の二方向だけではなく、左右（横）でも、回旋した状態（捻り）でもからだに発生させることができるようになります。二軸感覚を身につけられたとき、立体的な張力感覚を持って動くことができるようになります。

二軸感覚については一五七頁以降でも説明をしているので、そちらも参照ください。

**【感覚を得るためのエクササイズ】**

サイドロール、ローリングなど

### ・張力感覚

四つ目が**「張力感覚」**です。

張力感覚という言葉を初めて聞く方もいらっしゃるかもしれません。しかし、トップアスリートはこの力を巧みに用いて、それを知らない人よりも有利に競技を展開しています。

張力とは、その字の通り「張る力」です。

からだは筋肉や関節など各パーツがバラバラに存在していて、それぞれが勝手に動いているように思えますが、そうではなくて、すべてがつながっています（筋膜や神経などが媒介しています）。

そのつながり同士が最大限に働いている状態で生まれる力が張力なのです。

私たちはそれと気づかずに「張力」を使っています。

たとえば自動販売機の下に五〇〇円玉を落としてしまったときのことを想像してみてください。お金を取ろうとするときに、皆さん手を伸ばしながら、伸ばした手と反対方向に顔を向けるはずです。そうすることによって、「手がより遠くに伸びること」を体感的に知っているはずです。あとちょっとで届きそうだ、というときには目一杯からだを伸ばして、首もさらに回して手を伸ばすでしょう。そのときに感じられるものが「張力」です。

この感覚を普段から運動の中に積極的に取り入れていくと、柔軟性や筋力ばかりが主流であった運動の概念がこれまでとは変わってきます。

もう一つ試してみてもらいたいのですが、脚を伸ばして坐ったまま、腹筋にぐっと力を入れてみてください。どのくらい硬くなりますか？　おそらく背中を丸めて、腹筋が割れるように力んでもらっていると思います。いわゆる筋トレの「腹筋」運動の状態です。

一度からだをゆるめてから、今度は前屈をするように体を倒して、かつ手足の指先をさらに遠くに伸ばそうとしてみてください。このときに片手は伸ばしたままで、反対側の手でお腹を触ってみて確認すると、このときもお腹が硬くなっているのがわかります。ですが、先の腹筋運動のように筋肉を収縮させようとしたわけではありません。

背中側の張力を張ることで、お腹側の力が中心に集約してきます。これはお腹側の筋肉に力を入れるということとは違います。先ほど自動販売機の下に落ちた五〇〇円玉を拾うときの話をしましたが、張力はからだを広げよう、伸ばそうとするときに働く力です。その力を動作に活用していくというのがチバトレの狙いになります。

張力感覚というのは、おそらく動作においては昔から大事なものだと感じられていると思うのですが、なかなか科学的な見地においても日の目を見ることが少ないものです。筋電図を測っても出ませんし、科学的な測定をすることが難しいのです。言葉にすることも困難なので、どうしても動作指導の現場においては後回しにされてしまっているというのが現実です。

張力感覚を持っているトップアスリート本人さえも、自分が張力を利用しているという自覚がないこともほとんどです。その理由の一つには、筋肉が邪魔をしているということがいえると思います。

筋トレで「筋肉を意識しましょう」と言われることで（意識性の原則）、どこの筋肉を伸ばしているのか、どこの筋肉に負荷をかけているのか、という筋感覚だけがフォーカスされてしまっています。その結果、張力感覚や次にお話する骨感覚が見落とされてしまっています。

ちなみにアスリートに筋肉を意識して動きましょうというと、パフォーマンスは下がります。なぜかというと、筋肉はたとえば五個の筋肉を同時に意識しながら動かすことがとても難しいからです。代わりにその内のどれか一つの筋肉を意識してしまって、その筋肉の動きに関わる特定の関節の動きだけに意識が集中してしまいます。そうなってしまうと、ここまで説明してきましたチバトレで大切な感覚のすべてが失われてしまうのです。

パフォーマンスを考えると、皆が通常意識している大きな筋肉については意識しないほうが良いと思います。特に強く収縮させる意識も必要ないし、その筋肉だけを伸ばそうとする意識も必要ありません。アスリートでない方が筋肉を意識して強化していくと、筋肉依存型の運動フォームができあがってしまうというリスクも高くなります。

講習会などでよく「これはどこの筋肉を鍛えたらよいのですか」「これはどこの筋肉を伸ばしたらできますか」「これはどこの筋肉を意識したらできるようになりますか」と聞かれることがあります。しかしそれに対しての直接的な答えはなく、その発想を変えることがそうした質問が生まれる状況を変える唯一の答えになると思います。

からだのつながりを感じながら動く、からだの自然な反応を引き出す、意識しない動きを無意識に使えるようにする。そのためには張力感覚が必要になってくるのです。

**【感覚を得るためのエクササイズ】**

ロールアップ・ダウン、カエル倒立など

### ・骨感覚

五つ目が**「骨感覚」**です。

骨感覚はイコール「コツ感覚」でもあります。骨感覚を得ることで自分の良い時の感覚の意味がわかり、好不調の波がなくなってきます。

骨感覚がないと「自分がどのように動いているか」がわからなくなってしまいます。しかし骨感覚が得られていると自分がどのように動いているか理解することができ、結果としてケガの予防（再発防止）にもつながります。

怪我や故障、スタミナのなさといったスポーツ競技における皆が抱えている悩みの根源にあるのが「自分のからだがどのように動くのかわかっていない」という問題です。それを解決してくれるのがこの骨感覚なのです。

もし自分のからだがどのように動くのかわかっていたら、怪我をしそうな危険なプレーを予測できるので、そうした動きを選択することはないでしょう。あるいは、仮に故障しそうな状況になったとしても、それを回避できるような動きがとっさに出てくるはずです。また、ある特定の部位のみに負担がかかりすぎるような動きを取ることもないので、痛みが慢性的になることや同じ箇所を何度も怪我するということもなくなることでしょう。

スタミナについても実は同様のことが言えます。自分のからだの動きを理解していないと、不必要な動きや頑張りが必要となり、結果的に早くくたびれてしまいます。しかし、無理やり走りこみをしたり、ハードなトレーニングをしなくとも、骨感覚に基づく動き方の理解と実践を行うことで、本来皆さんが持っているスタミナを自然と発揮することができるようになります。

この感覚は鍛えれば鍛えるほど強くなっていきます。これを強化していくためには動きのイメージ化と自分の動きの理解が必要になります。そしてこの感覚が強くなっていくと競技動作への応用が可能になっていきます。つまりこれまで説明してきた五つの感覚を持った状態で競技動作を行うことができるようになります。競技動作を進化させ、トップアスリートの動きに近いニュアンスを作ることができるようになります。

骨感覚に関していうと、皆がそれぞれ、「この関節から動かすのが自分にとって自然だと感じられる」順番があります。それはたとえば立っているときに、どこの筋肉で立っているという感覚があるか、どの関節に乗っているか、膝を伸ばして立つのが楽か、膝を曲げて立つのが楽か、等々あると思います。それはその人の動きの特徴、癖になります。

よく使っている運動パターンがあるということは、あまり使われていない運動パターンがその裏に潜んでいます。そのことに気づけると自分がまだまだからだを使い切れていないということが分かると思います。

そのためにはまず、今の自分のナチュラルな運動パターンに気づく必要があります。また他人が違う動き方をしているということに気づくことも大事です。

特に骨盤周辺、股関節周辺、肩関節周辺というのは筋活動の種類が豊富なので、人によって個性が出るところでもあります。ホールドを持ってひっぱる、ゴルフのスイングをする、ボールを投げる、シュートを撃つという複数の関節が関わる立体的な動きになればなるほど、動き方に個性が色濃く出ます。その中で自分がどういう動きのパターンを無意識的に選択しているのかということに興味を持っていただけると、なぜこのような動きが苦手なのかという問題を解決するヒントが得られると思います。

自分が依存している筋肉や関節がどこなのか、ということが骨感覚から読み解くことができるのです。当然トップアスリートであればあるほど、骨感覚が優れ、動作において自分がどのように動いているのかということを細かく把握しています。

＊

大事にしていただきたいことは、こうした感覚の獲得を目指すことで「動きの幅が増える」ということです。これらの感覚を持って動くことだけが正解というわけではありません。

人間のからだは使えば使うほど賢くなっていきます。いままで経験したことのない感覚を経ることで、いままで経験してきたものと新しく経験するものが結びつきます。そうすると本書にも紹介されていないような動きのパターンを自分の中から作り出すことができるようになるのです。

人のからだは素材を取り込めば取り込むほど内部で化学反応が起こっていきます。いろんな動きの幅がある人というのは、動きに対して好奇心があります。見たことのない動き、やったことのない動きに対して、やったことがないからやってみたい、動いてみたいと思えると、からだにどんどん素材を取り込むことができるので、そうすると素材がからだの中で化学反応を起こし、競技動作に対しても同じような応用ができるようになっていきます。

今すでに持っている動きを極めていけば自分は成功できるというイメージがある方はそうするほう

がよいと思いますし、新しい動きを取り込んで活性化していくことで動きの幅を広げていこうとする人は、ぜひチバトレに取り組んでいただきたいと考えております。

誰でもトップアスリートとして成功できる可能性を秘めています。

ただしそのためには条件を満たすことが必要になります。その条件とは何かというと素材の数を増やして、常にからだの中で化学反応を起こし続けること。

本書はそのための素材集であり、エクササイズ集です。ここに正解があるわけでも、ここに完成された理論があるわけでもありません。ここで紹介している考え方や刺激をからだに取り入れることによって、三か月後、半年後、数年後、もっといえば取り組み始めたその日から、変化が生まれてきます。

そうした変化は次にエクササイズに取り組むときにもプラスの変化として影響を及ぼしますし、当然取り組んでいる競技動作にも影響を及ぼします。

変わり続けることを望むのか、変わることを恐れるのか。その選択ができるのも取り組む本人だけなのです。

## 2：動きのチェック、三つのポイント

チバトレが目指しているのは、先に説明した五つの感覚の獲得です。

ゴールを目指してエクササイズを行うときに気をつけたい三つのポイントがあります。これらのポ

イントをクリアして動けているか、取り組む際にはチェックしてみてください。

・余計な力を抜く
・呼吸に合わせて動く
・胴体で動く

## ・余計な力を抜く

本書の中で紹介していくエクササイズをやっていただくにあたっては、まず、できるだけ余計な力を抜いて動いてみてください。

そのときに、どうからだを使ったらよいかがわかっていればわかっているほど、無駄な力が抜けるようになります。どうやって動いたらよいかわからない状態になると、全身がおそらく緊張してしまうことでしょう。また緊張が常態化していると、それに気づけないこともあります。

最初からエクササイズが完璧にできる必要はありませんし、おそらくかなり難しいと思います。何度か反復して練習していくなかで、どこの力が必要で、どこの力を抜いたらよいのかというのを探しながら動いてみてください。

### ・呼吸に合わせて動く

次に、呼吸のタイミングを探してください。人は普段やらない動作をしようとすると、緊張するので、そうすると呼吸が止まりやすくなります。まずは吸いながらでも吐きながらでもよいので、このタイミングで呼吸と動作を合わせると疲れない、動作を反復していてもストレスと感じない、いつまでも続けていられそうだ、という感覚を探してみてください。

どこに力を入れてどこを抜けるかということが動きにおいて整理できると、力を使う必要がなくなり効率がよくなります。さらにそのときに呼吸が入れられるのであれば、それは有酸素運動になります。無酸素状態で動作をくり返そうとするとすぐに疲れてしまうと思いますが、有酸素運動であれば長時間でも行うことができます。同じタイミングの呼吸で行えることを目指してみてください。

注意点として呼吸をするときに肩が上がってしまうと、チバトレの効果は半減してしまいます。肩が上がらないように横隔膜を使って（腹式呼吸で）呼吸をするようにしてみてください。

それができることが、先にも説明しました「お腹から脚を動かす」という感覚につながっていきます。

### ・胴体で動く

いまあげた二つのポイントができていれば、おそらく胴体で動くことができていると思います。これはからだ全身で動いていくということです。

特に四足動物は完全に胴体から動くということができています。人間が速く走っているところとチーターが速く走っているところを想像してみてください。

両者の間で圧倒的に違っているのが胴体の動きだと思います。人間は胴体を固定して手足をより早く回転させて走ろうとします。チーターは胴体自体を動かしながら、胴体の動きに手足を噛み合わせて走っています。速さを比較してもチーターの圧勝です。それが四足動物のからだの使い方です。チーターのように走ることは無理だとしても、それは四足二軸感覚でのからだの使い方の理想といってもよいでしょう。

エクササイズにおいては、手足等、特定の部位に負担が集中していないかどうかを気にしながら行ってみてください。

## 3：動作改善のための「ほぐしの動き」

特定のエクササイズができない（できていない）時というのは、力んで動いてしまっているか、または呼吸が止まってしまっているか、あるいは特定の部位を使いすぎて（その部位に疲労が溜まって）いるはずです。

その場合は動作に改善が必要になります。

先取りして説明いたしますが、一二七頁から始まる第3章の1〜10の**「ほぐしの動き」**は、本書の中でも非常に重要なエクササイズパートになっています。先に述べた五つの感覚を得るために絶対に必要となる、ベースの部分のエクササイズであり、本書内でも紹介し切れていない数多くあるエクササイズの中から、「宝」と呼んでもよいほどの効果を秘めたものを厳選しました。これらの動きの完成度がチバトレの理解度であるといっても過言ではありません。

実際に私がスポーツ指導の現場で最もアスリートに行わせているのがこのほぐしの動きです。ぜひ、エクササイズや競技練習を行う前にも行ってみてください。

そうすることでパフォーマンスのレベルが上がり、たとえば、練習でできなかったことがいきなり本番でできたり、予想以上に楽に動けるようになることがあります。

またエクササイズ後に行うことで、取り組んだエクササイズの効果を測ることもできます。良い動きを行った後はほぐしの動きも楽にできるようになり、反対に動きが悪かった場合、ほぐしの動きにやりにくさを感じることになるからです（その場合でも、ほぐしの動作を行うことで悪かった動きを改善することができます）。

指導者の方々にとっては、このほぐしの動きをチェックすることで、それぞれの選手のからだのどこにトラブルが起きやすいかをスクリーニングすることとその改善が行えると思います。

ほぐしの動きにより、準備運動と、動きの評価と、動きの改善を行うことができます。

からだに過度の負担がかかることも一切ないので副作用がなく、またやればやるほど効果と意味を感じられるようになるので、毎日取り組んでみてください。

## 4：実際のからだの使い方のポイント

すべてのエクササイズに共通しているからだの使い方のポイントは、**目線と首の動きを使う**ということです。

動作に先行して目線をその方向に向けることで、からだ全体（特に首）を動かしやすくなります。またより首を動かしやすくするには、鼻の先の向きを意識してみてください。そうすることによりよりスムーズに動けるようになると思います。

また目線についても近くを見るのと遠くを見るのとでは動きに変化が生まれます。さらに一度目線と首を動きたい方向と反対の方向に振ってから動く「予備動作」を取り入れることで、より楽に動けるようになると思います。

そしてそこに呼吸を組み合わせることで、いままで感じたことのないくらいの快適さで動けるようになるはずです。ローリング系、サイドロール系の動きは、目線と首の動きを意識して行うのによいエクササイズなのでぜひそうした意識を持って試してみてください。

手の動かし方のポイントとしては、**腕の尺骨《しゃっこつ》**側をうまく使うということです。**小指と薬指に意識を向けて、手の甲側から伸ばして**行きます。またその際、肘を体から遠ざけていく感覚も大切です。

この感覚をよりはっきりと得るためには、試しに人差し指と中指に意識を向けて腕を伸ばすということをエクササイズ（たとえばサイドロールやロールアップなど）の中で行ってみてください。小指と薬指に意識を向けたときとは違う感覚になるはずです。

床などを押すときにも、手のひらを閉じて床を押すのと、**手のひらを開いて指先に意識を向けて床を押す**のとではこれも異なった感覚になると思います。

動きの噛み合わせということで言うと、手のひらを反らせて動くのと、手首を軽く折って甲から動くのとではまったく違う感覚での動きになります。

これらは足とも連動していて、手のひらを反らせたときは、足は背屈《はいくつ》した（かかとを押し出す）セットの状態になります。反対に手首を軽く折ると、足の親指に意識が向き、足は底屈《ていくつ》した（つま先を伸ばした）セットの状態になります。

それから呼吸については、あるエクササイズを、もし息を吸いながら行っている場合はそれを吐きながら行ってみる、あるいは息を吐きながら行っていたら吸いながら行ってみる、ということを試してみてください。それぞれの違いを感じることで、より自分にあった呼吸のタイミングがつかめるようになります。

それぞれのエクササイズに取り組む際、あえて手のひらを閉じてみたり、手のひらを反らせてみたり、かかとを押し出す感覚で行ったり、呼吸のタイミングを変えたりしてみてください。

そうすることで自分にとってよりやりやすいやり方はどのような組み合わせなのかが明確に感じられるようになると思います。

## 5：動きのチェック、エクササイズの回数について

動きのチェックやエクササイズを行う際、**一つの動作につき回数としては、一分間で約三～五回程度行う**ということを目安にしてみてください。

取り組み方として、できない動きや気になる動きについて、できるまで何度もくり返すというよりは、もしできなかったら飛ばしてもよいので、ひとまずサーキット形式で一通りの動きを行ってみるということを優先するようにしてください。

一度通して動いてみてから、またできなかったものに再チャレンジしたり、あるいは一日おいてからまた試してみるとできるようになっていることも多いです。固執しすぎないことが大切です。疲れるまで行わないということもポイントになります。

それでは、１／ローリングから動きのチェックを始めましょう。

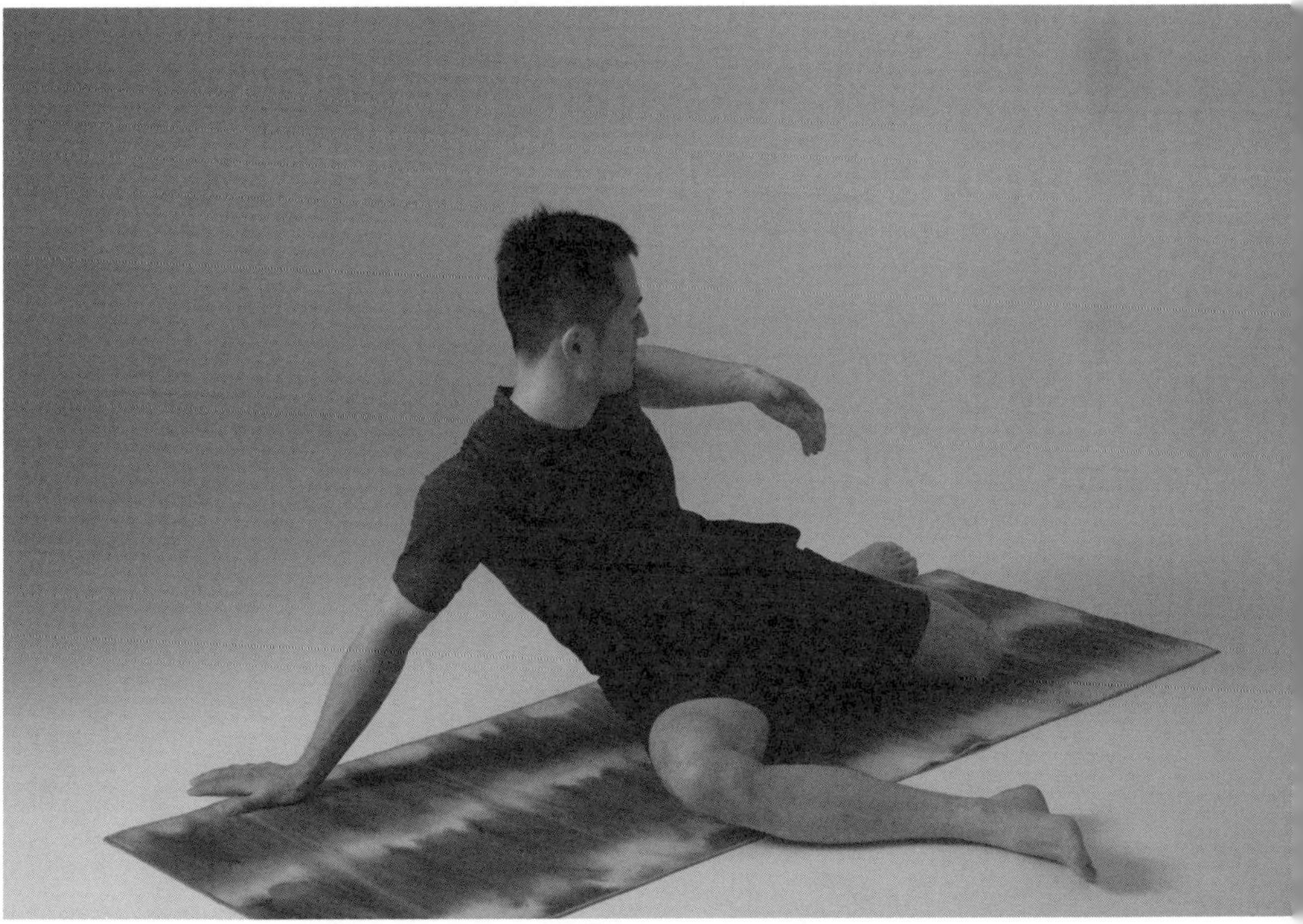

# 1 ローリング

CHIBATORE

**[エクササイズの手順]**

❶仰向けになり、手足の親指同士を接触させる。

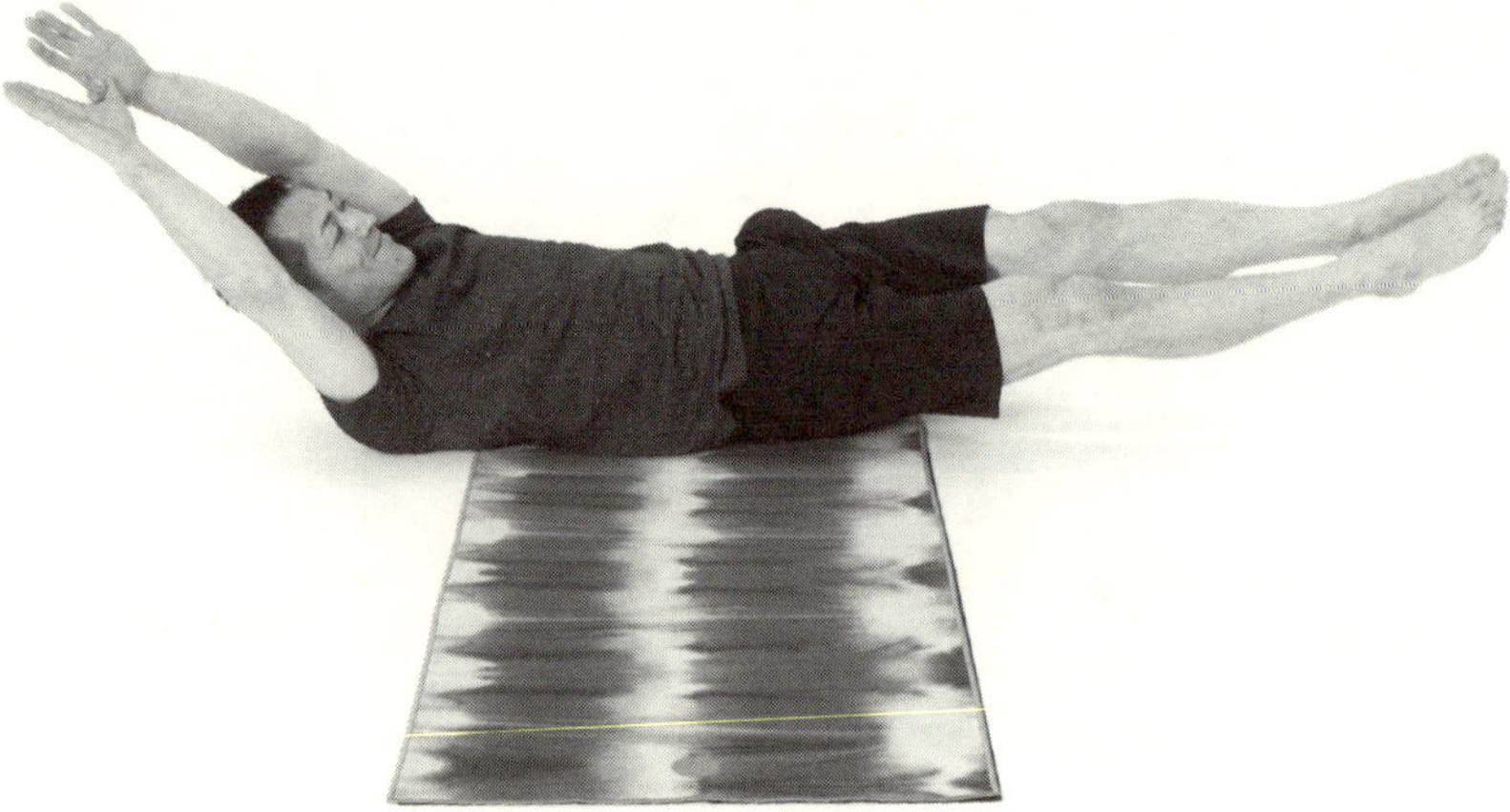

❷その状態を保ちながら回転する。

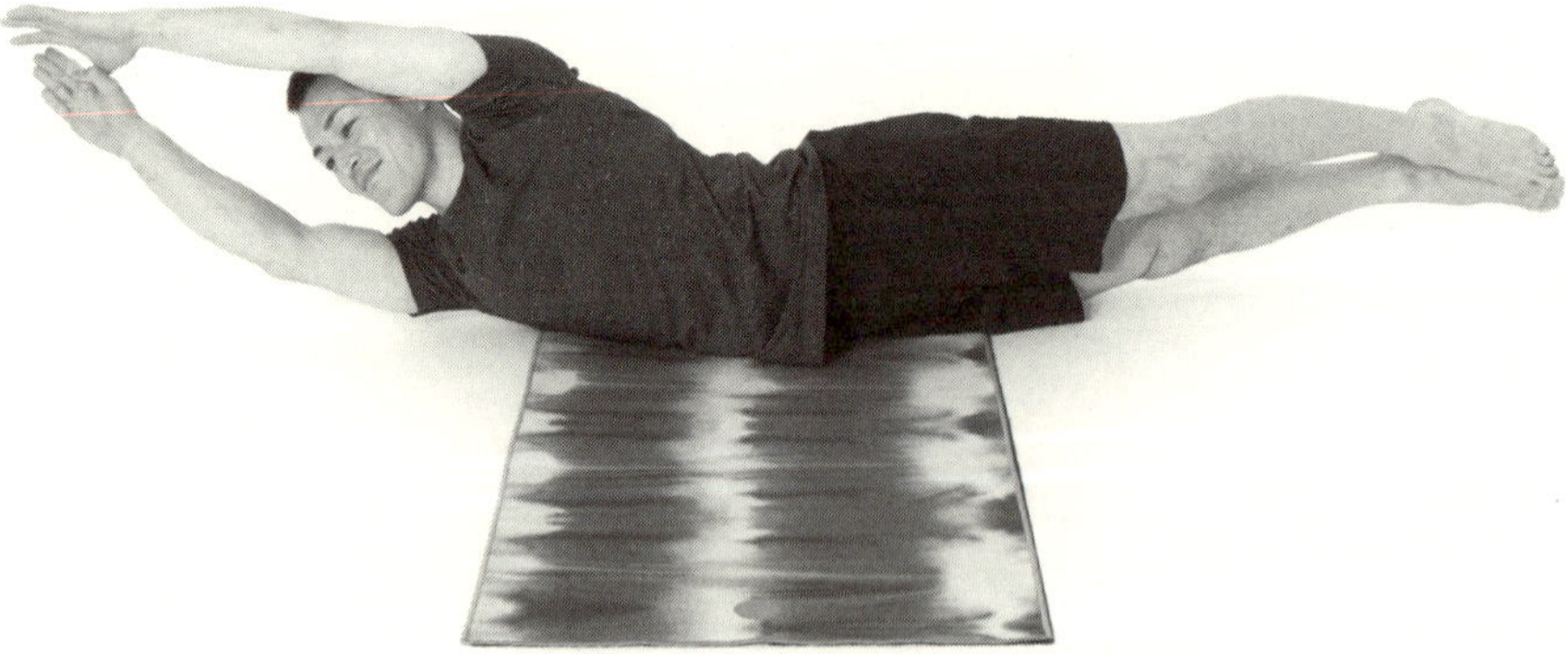

❸からだが反らないように注意。
また手足が地面に着かないようにする。

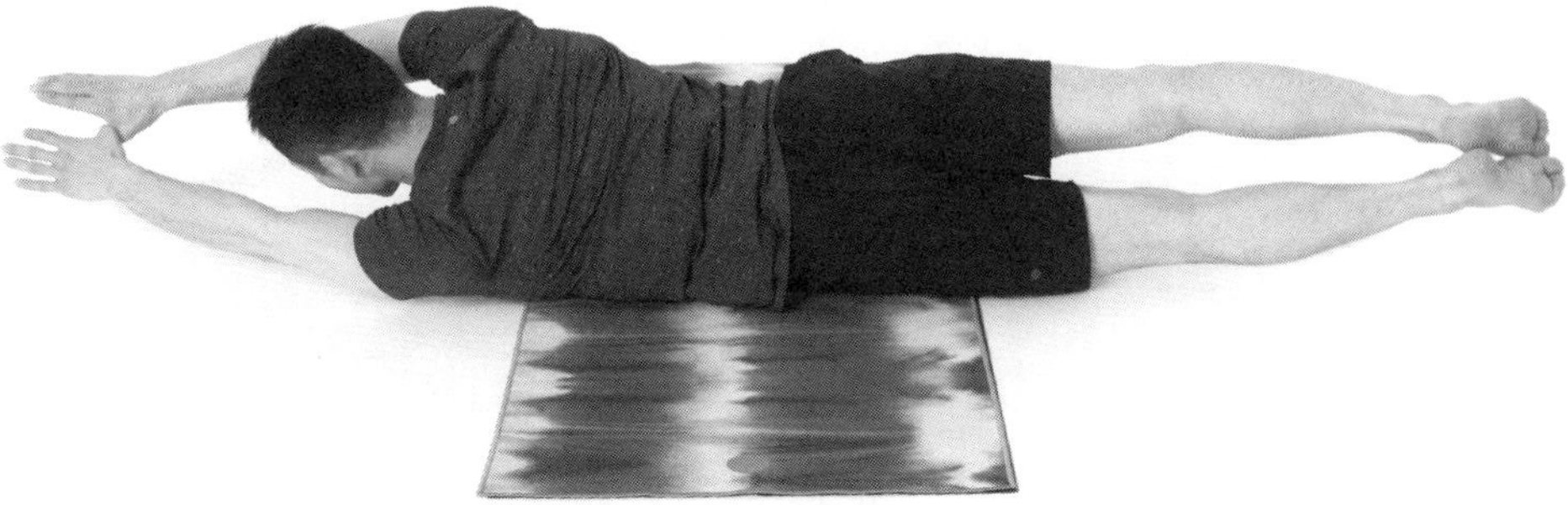

❹きれいにピタリと止まる。

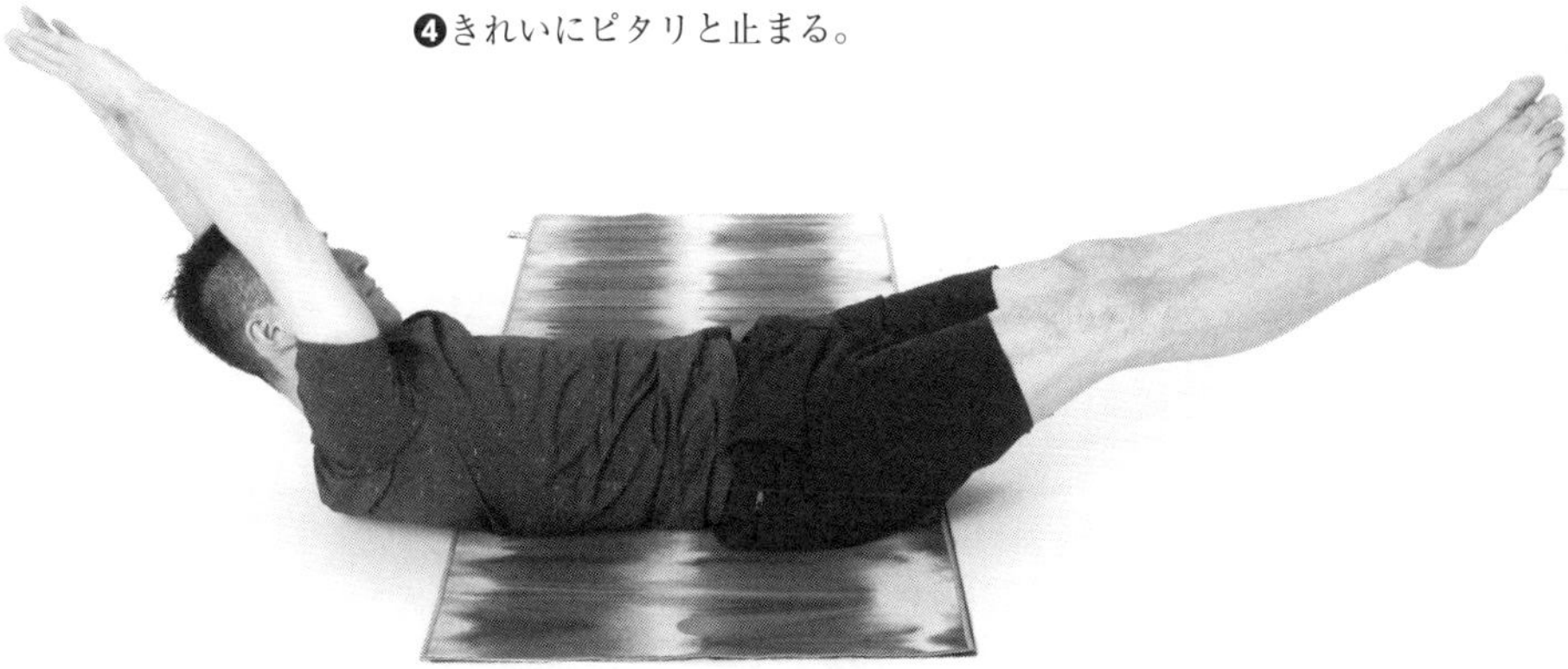

## point

中心感覚を養うエクササイズ。
背骨を捻ることなく、体幹全体を力感なく回転させながら移動する。

# 2 サイドロール（左右の重心移動）
## 準備

**［エクササイズの手順］**

❶坐位になり足裏同士をくっつける。手の指を軽く組んでつま先をホールドする。ギュッと握り締めないこと。背中と骨盤は丸めておく。肘は折り曲げない。

❷❶の状態を保ったまま、柔らかく左側の脚に乗り、しばらく静止する。それから元に戻る。

❸同様にゆっくり右側の脚に乗り、
１～２秒静止する。それから元に
戻る。

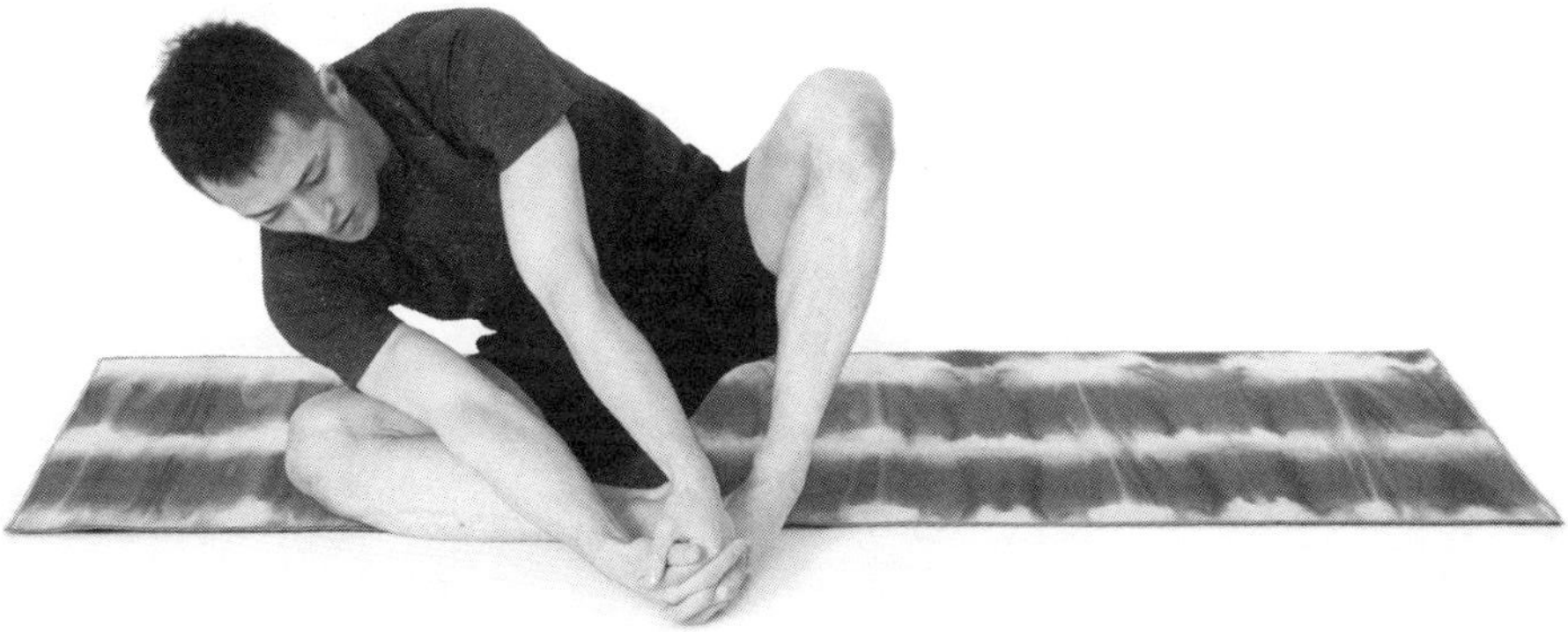

## point

背中と腰を丸めて、肩甲骨を外に広げた（外転位）状態で、
重心を片側に乗せていく。楽に静止できるようになったら、
実際のサイドロールへ移る。

# 3 サイドロール

CHIBATORE

**[エクササイズの手順]**

❶準備の❶と同じポジションを取る。

❷徐々に左側に重心を移し横に倒れていく。

❸そのまま回転する。

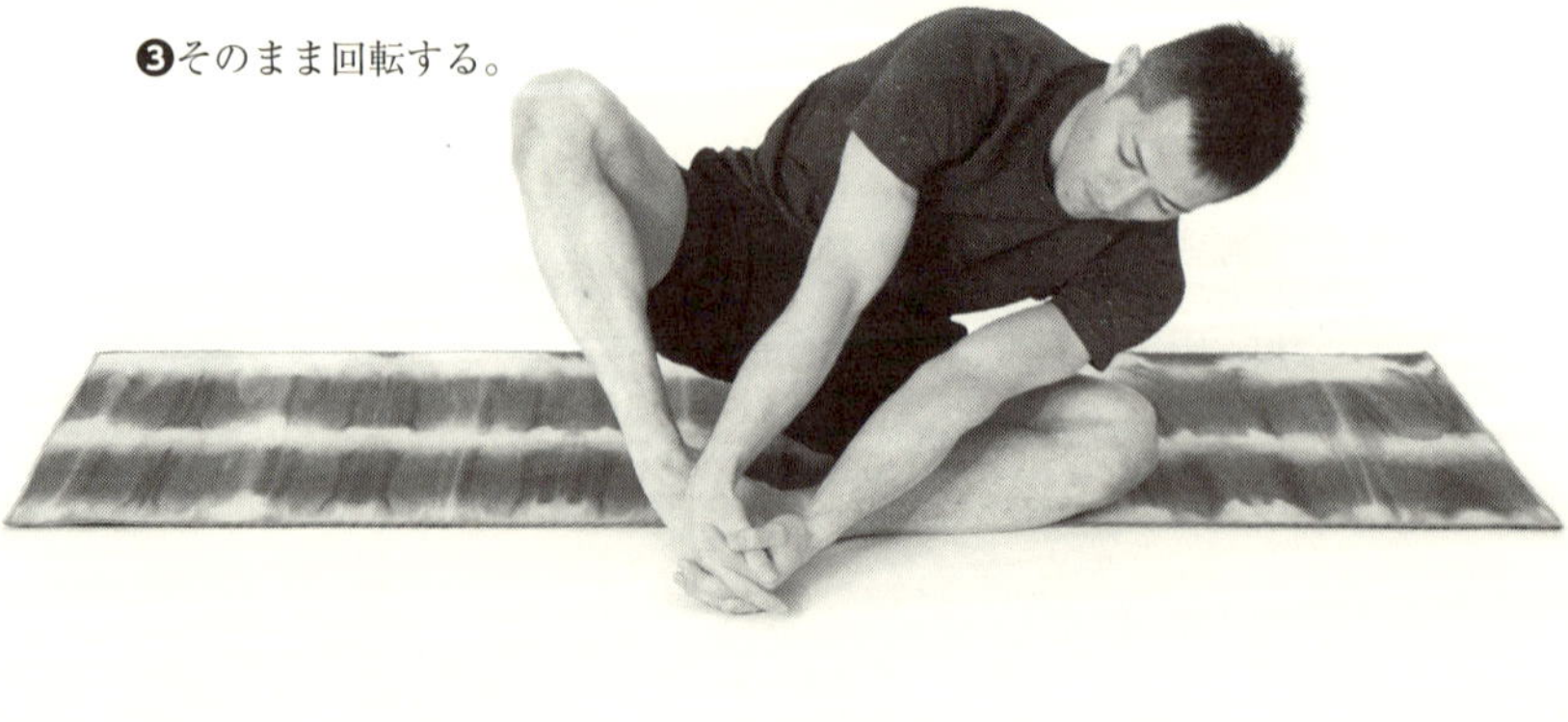

❹マットには肩はつくが背中（背骨）はつけない。背面が接地するときに「ドスン」と床に落ちないようにコントロールする。

❺背骨ギリギリまで回転しきったら、元に戻ってくる。肘は伸ばしたまま保つ。

❻首を先に旋回させ、左肩と
左膝が近いポジションで起き
上がり動作に入る。

❼骨盤から徐々に立てていく。
肘は曲げないようにする。

❽元の位置に戻る。

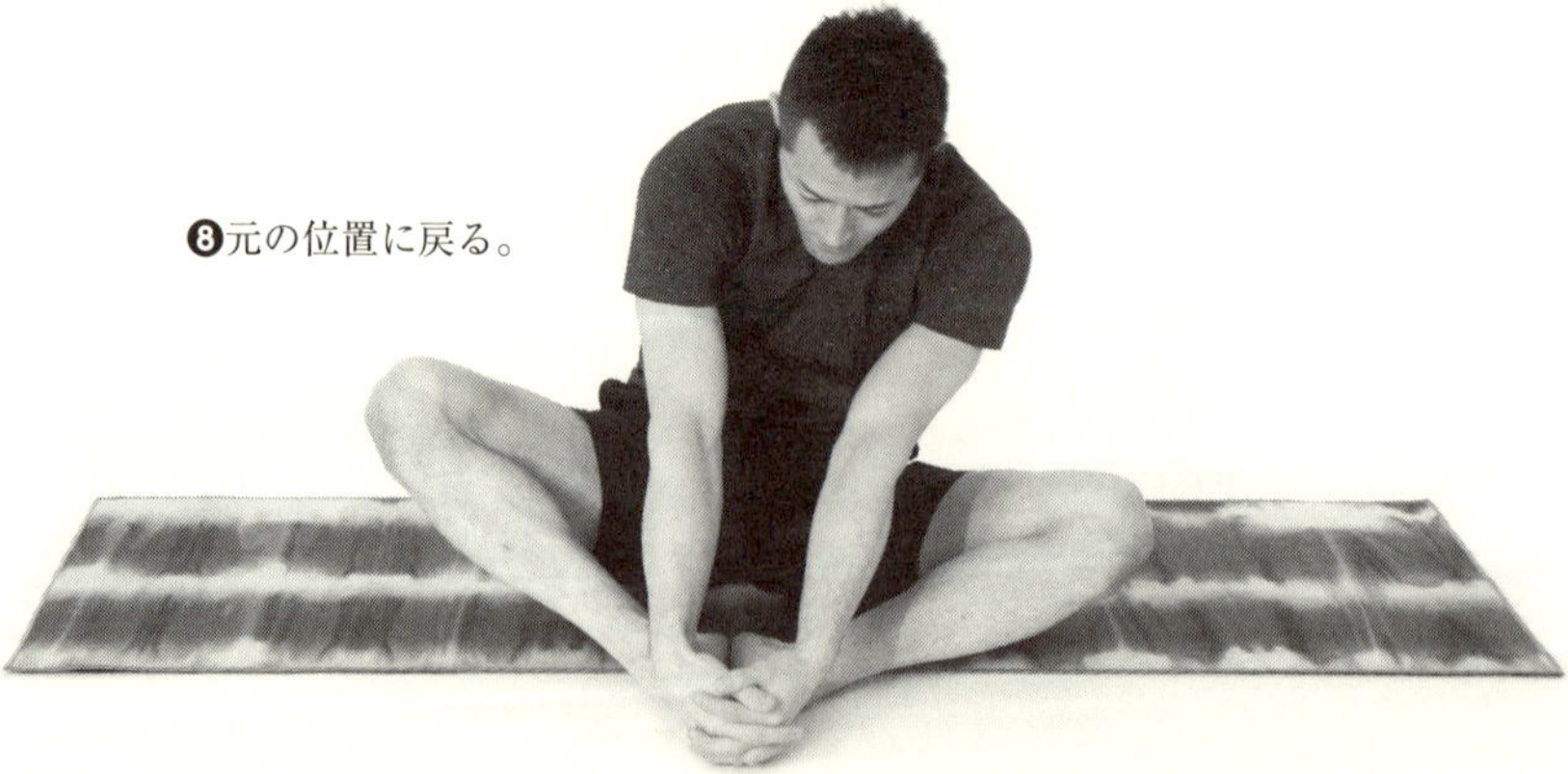

❾反対側へも転がって起き上がる。

❿背骨は床につけない。

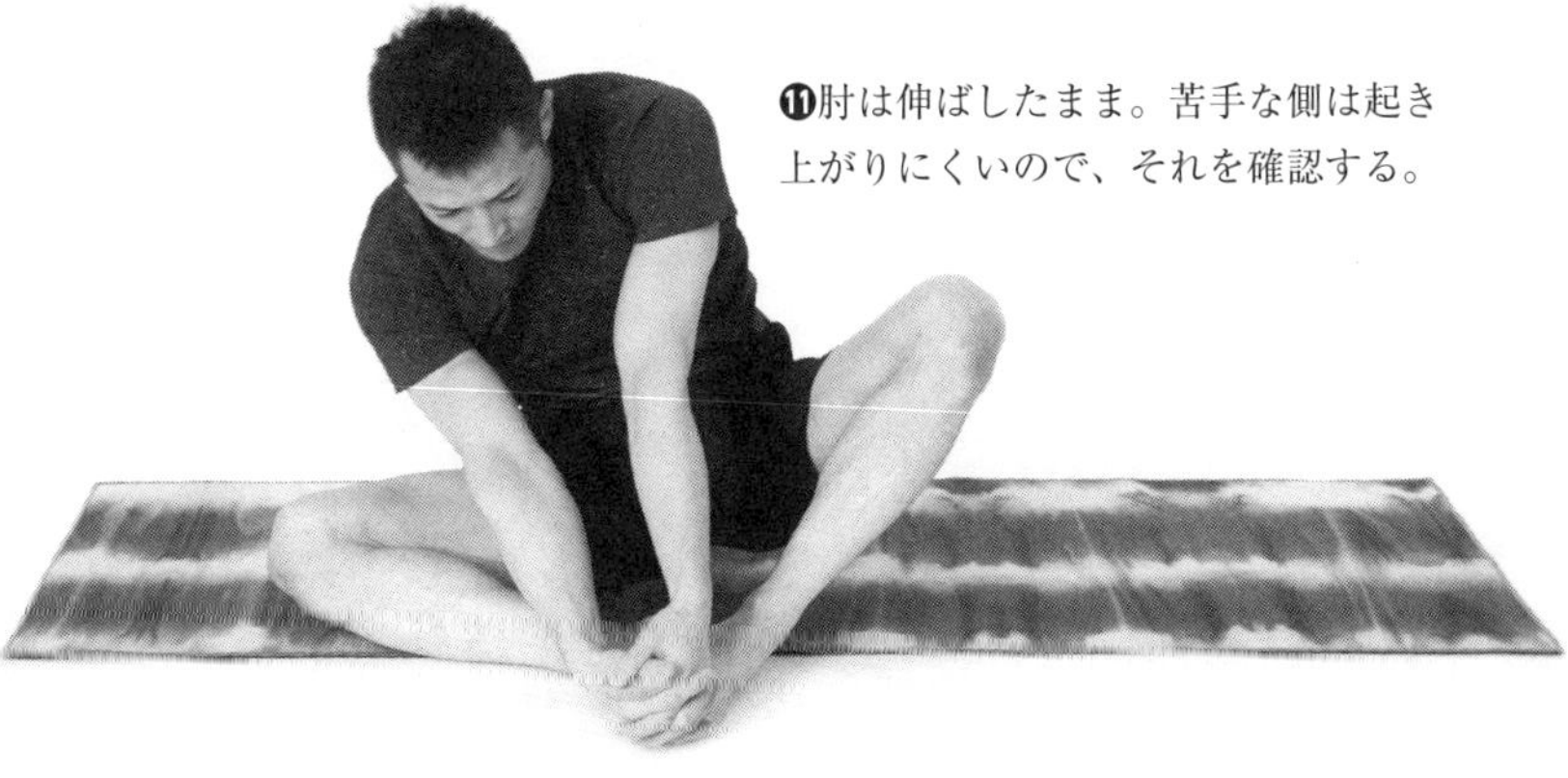

⓫肘は伸ばしたまま。苦手な側は起き上がりにくいので、それを確認する。

# 4 軸を入れ替えるローリング

**［エクササイズの手順］**

❶仰向けになり、左膝を持ち上げ、左肘と近づける。右手と右脚は中心から伸ばしておく。

❷首を右側に捻るのに合わせて、左脚と左手を伸ばしながら転がり始める。反動や勢いをつけずにゆっくりと行うこと。

❸手足を伸ばしきるのと同時に軸を切り替える。

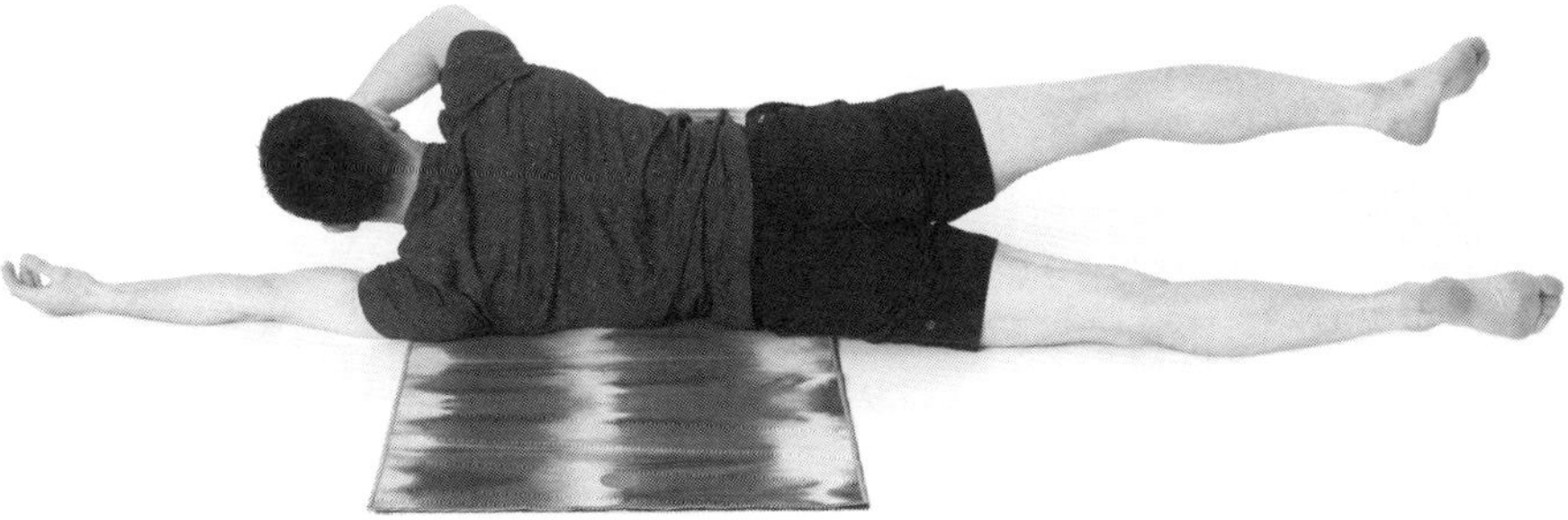

❹回転しきったら、今度は
右膝と右肘を近づけながら、
仰向けのポジションに移る。

❺反対側への回転も行う。

## point

軸の入れ替えで回転する種目。伸びている側に軸があり、上にきている手と脚はリラックスしている。そのポジションの入れ替わりによりからだを回転させる。背骨を捻って回転することがないように注意する。右回転、左回転、苦手な側を確認する。

# 5 二軸感覚を強調したサイドロール(大きく腕を振る)

[エクササイズの手順]

❶2/サイドロール準備の❶と同じポジションを取るが、左軸に乗り込んで左手を大きく後ろに振りかぶる。

❷振りかぶった手を頭上に上げながら転がる。

❸

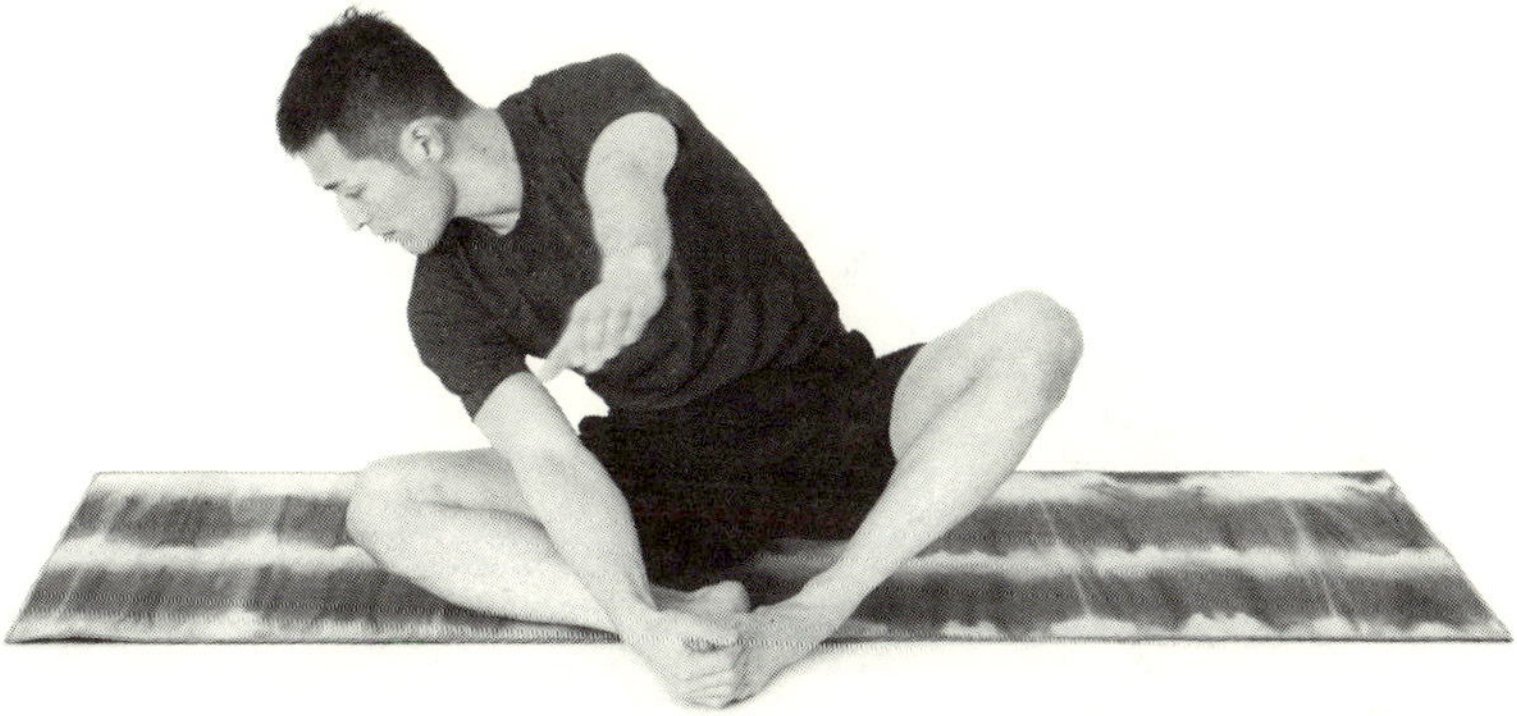

❹

❺

❻頭上に上げた手を元に戻しながら起き上がってきて、左軸に乗り込む。

❼

❽

❾

❿

⓫

## point

腕を大きく回すことで、ダイナミックに軸の動きと左右の重心移動を感じられる種目。

# 6 ロールアップ・ダウン

**[エクササイズの手順]**

❶仰向けになり、膝を少し曲げる。両手を頭上に伸ばし、
少し背骨を反らせて（鳩尾を上げる）予備動作をつける。

❷手を横に広げながら、首を起こす（鳩尾を下ろしながら）。腿は力ませない。

❸手を引き上げながら、胸を起こす。背骨は丸める。
腹筋を力ませないように。

❹さらに引き上げられる腕につられるようにして、腰が起きてくる。両脚にはほとんど力が入っていない（足指の接地感覚は保つ）。

❺頭上まで腕を引き上げて、からだ全体が起き上がる。手には力が入っていない。

❻手が残っている感覚のまま、背骨（腰椎下部）から順に接地していく。

❼胸椎下部（鳩尾を下ろす）を接地させながら、手はまた横に開く。視線はおへその方向を向いている。

❽手を頭上に回しながら、頸椎・
頭部も接地させる。

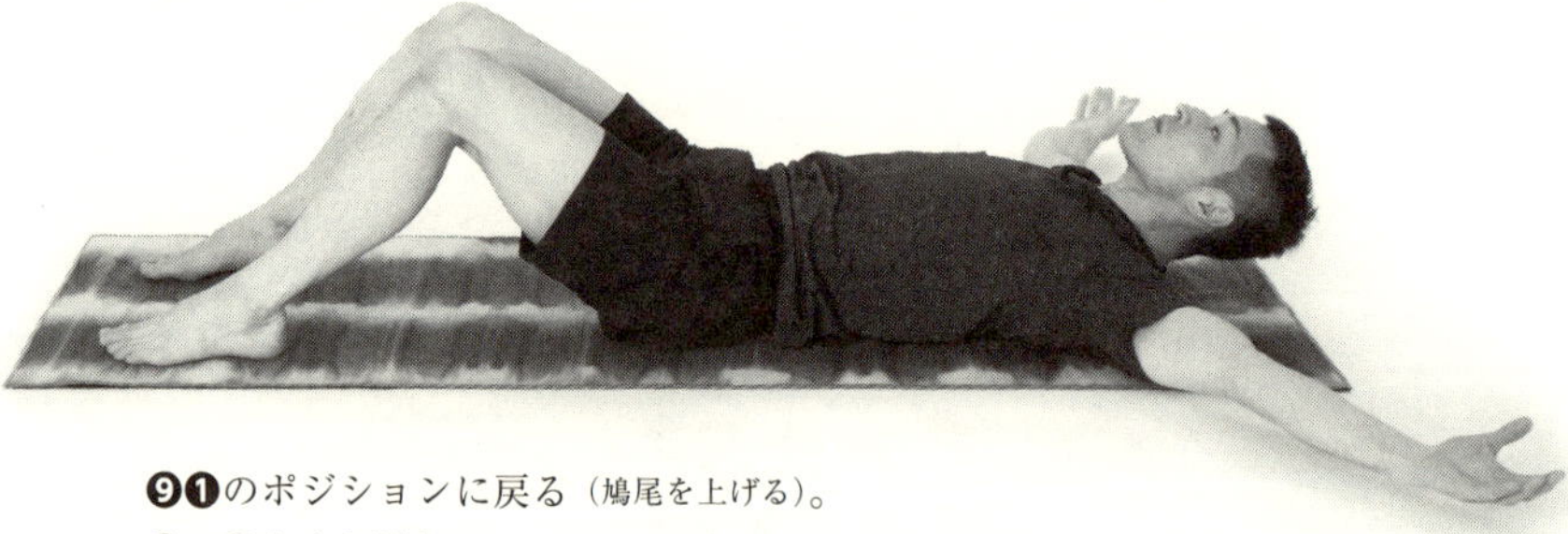

❾❶のポジションに戻る（鳩尾を上げる）。
❶〜❾をくり返す。

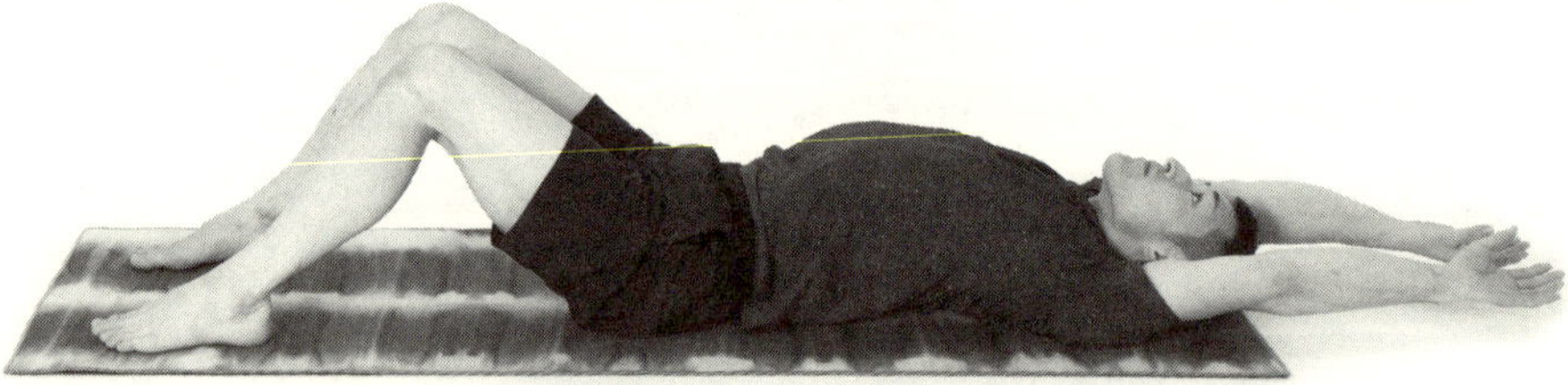

## point

背骨の丸める－反るをうまく使い仰向けの姿勢（仰臥位）から坐位へと移行する非常に重要なつなぎの種目。いわゆる「腹筋」とはまったく異なる動き。下部から動き出し、胸部と頭部がそこに乗っかっていく。そのとき肩甲帯に自然にスイッチがはいる。肩甲帯を意識してしっかり広げて使わないと力まずにからだを起こすことは難しい。脚は脱力したまま、肩甲骨が完全に外側に広がって（外転位）いて、腕が前方にあるという状態をつくること。

骨盤に重心を乗せるため、視線が下方向を向いている（❷〜❹、❻〜❽）ことに注目。

起き上がるというより、手の甲につられて上半身を前に送り出すというイメージで取り組んでほしい。

# 7 骨盤歩き(腕を振る)

CHUBATORE

**[エクササイズの手順]**

❶同側で動く。腕を前に振り出して、そちら側に重心を乗せていく。背中と腰は軽くゆるめておく。

❷完全にどちらかの側に乗り込んで、また元に戻すという動きを何度かくり返す。左右の歩幅が均等になっているか確認する。

## point

首と肩甲骨と骨盤の動きの同調を獲得する。どちらの骨盤に乗るのが苦手か、どちらから動き出すのが苦手か、骨盤の動きに左右差がないか、中心軸が保たれているか、等々確認しながら行うこと。

❸感覚がつかめたら、実際に軸を入れ替えて前進する。マットの端まできたら、同様に腕を振りながらバックして元の位置に戻る。

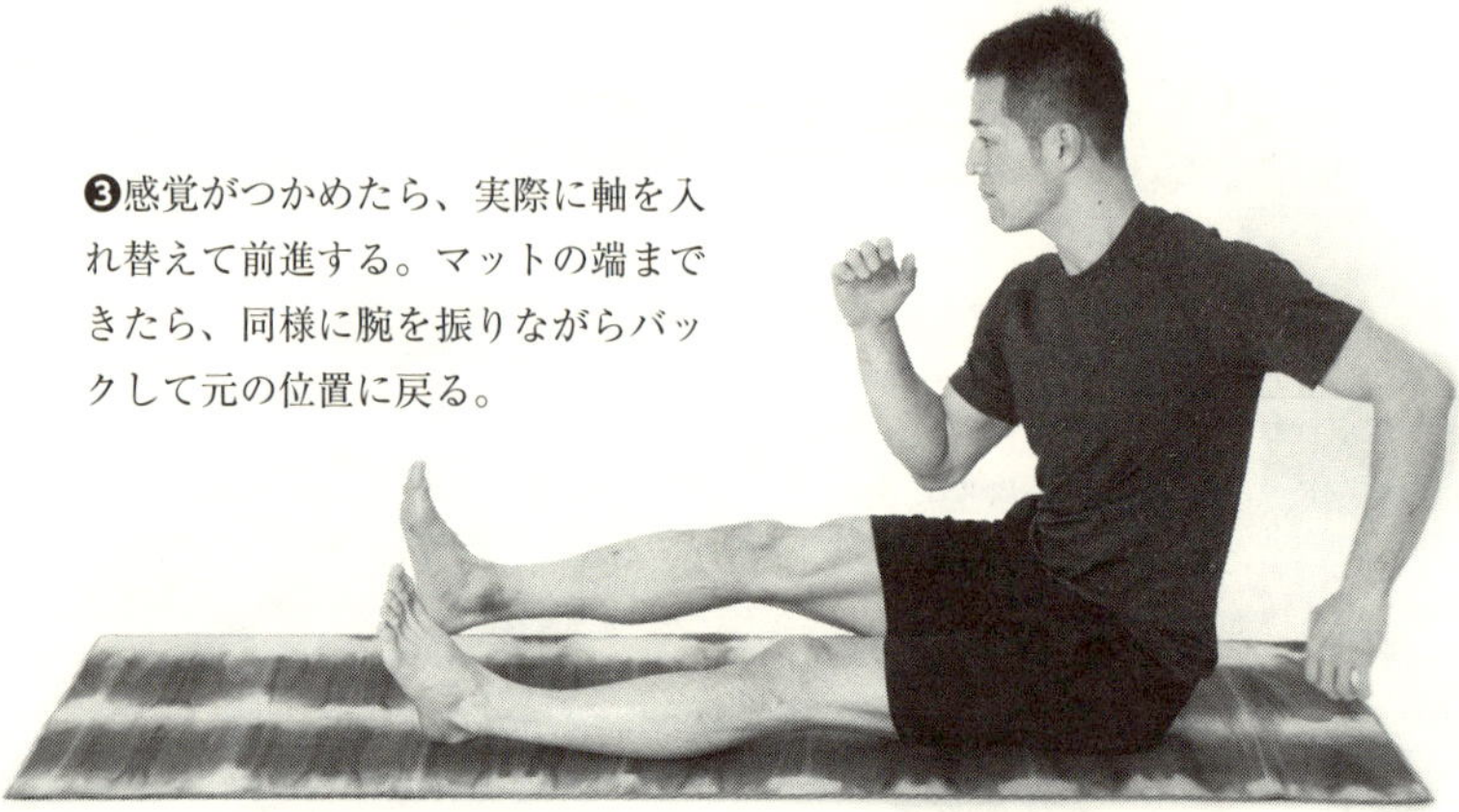

❹骨盤の動きに肩甲骨がリンクしているか注意する。

❺

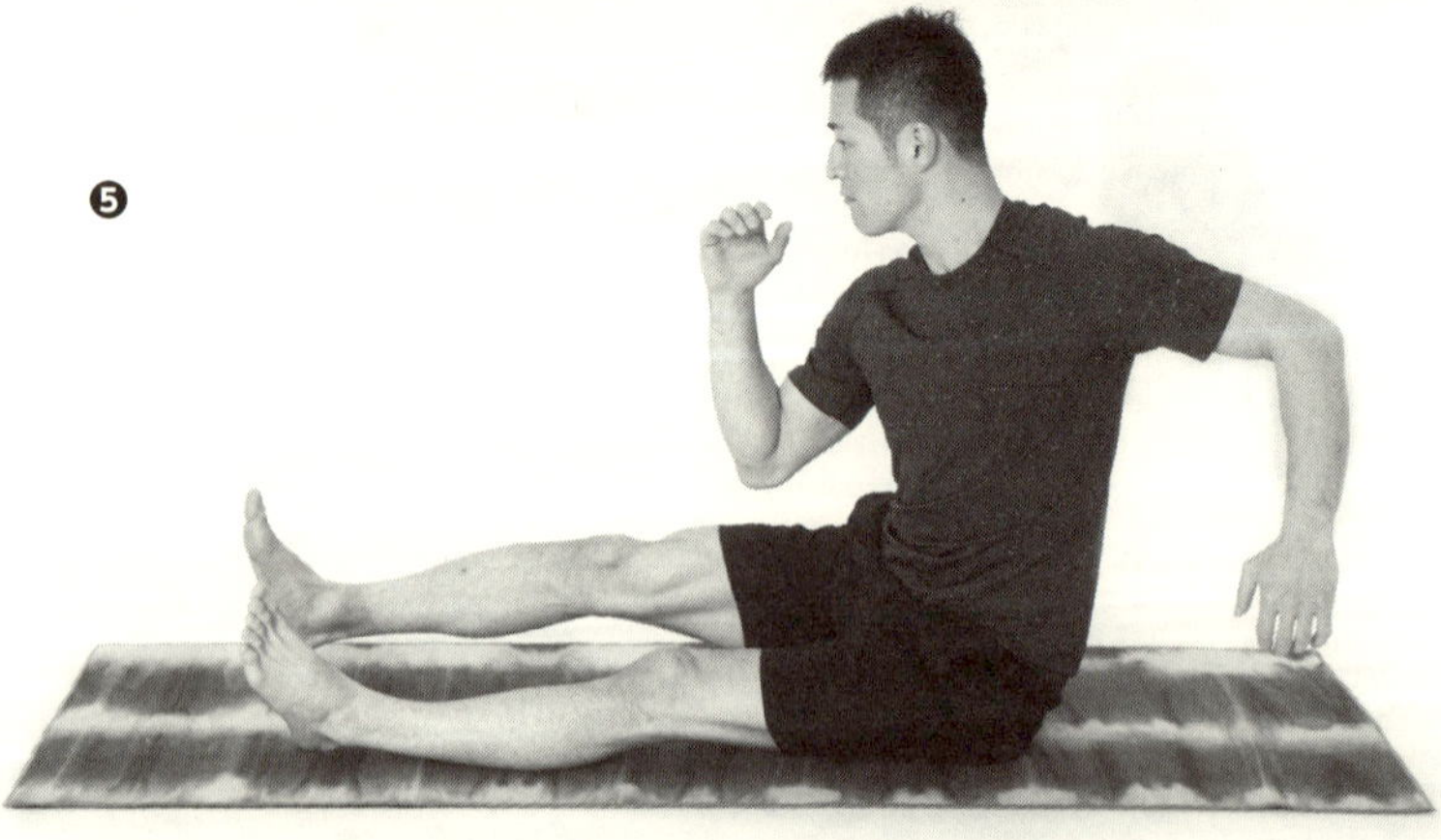

CHIBATORE

# 8 カエル倒立

**[エクササイズの手順]**

❶しゃがんで少し前方に、手のひら全体を接地させてから手をつく。肘が後ろにくる（脇を締める）。

❷脇を締めて（肘は後ろに）、手のひらに圧をかけていく。手のひらが閉じないように注意する。

❸勢いをつけて脚を持ち上げるととても危ない。
手のひらに圧をぐっとかけ、重心が前方に移って、
足が自然に離れるところで持ち上げる。バランス
は背骨で取る。首を反らせて、頭部を前方に持っ
ていくことでバランスが取れる。

## point

前足（＝手）にギリギリまで乗っかって、乗り切った最後の瞬間に足を地面から離す。肩甲骨を安定させて前足に乗る感覚を養う。また頭が下に落ちるから脚が浮くというのが原理で、脚を振り上げようとするとうまくいかない。写真❸でもわかるように背中のきれいなCカーブを作ることが大切。どちらかの肘が曲がりすぎていないか、どちらかの肩甲骨が持ちあがっていないか、確認する。

# 9 ロールアップからのカエル倒立

CHIBATORE

**[エクササイズの手順]**

❶足幅は骨盤幅より広げて横になる。背骨を少し反らせて予備動作をつける。

❷頭から順に背骨を起こして、上半身を引きあげる。

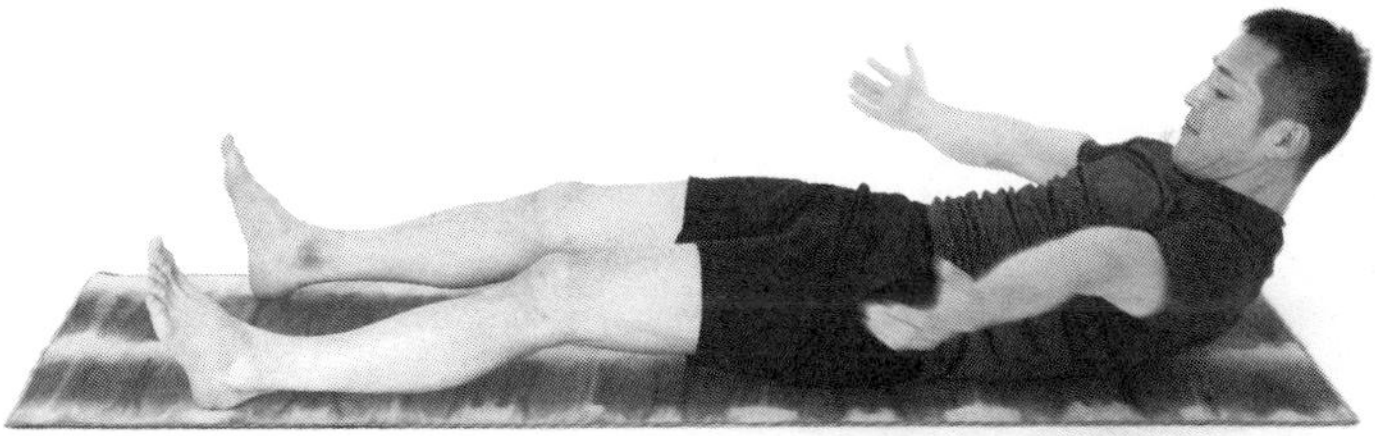

❸上半身が起きてくるタイミングで両足を引きつける。

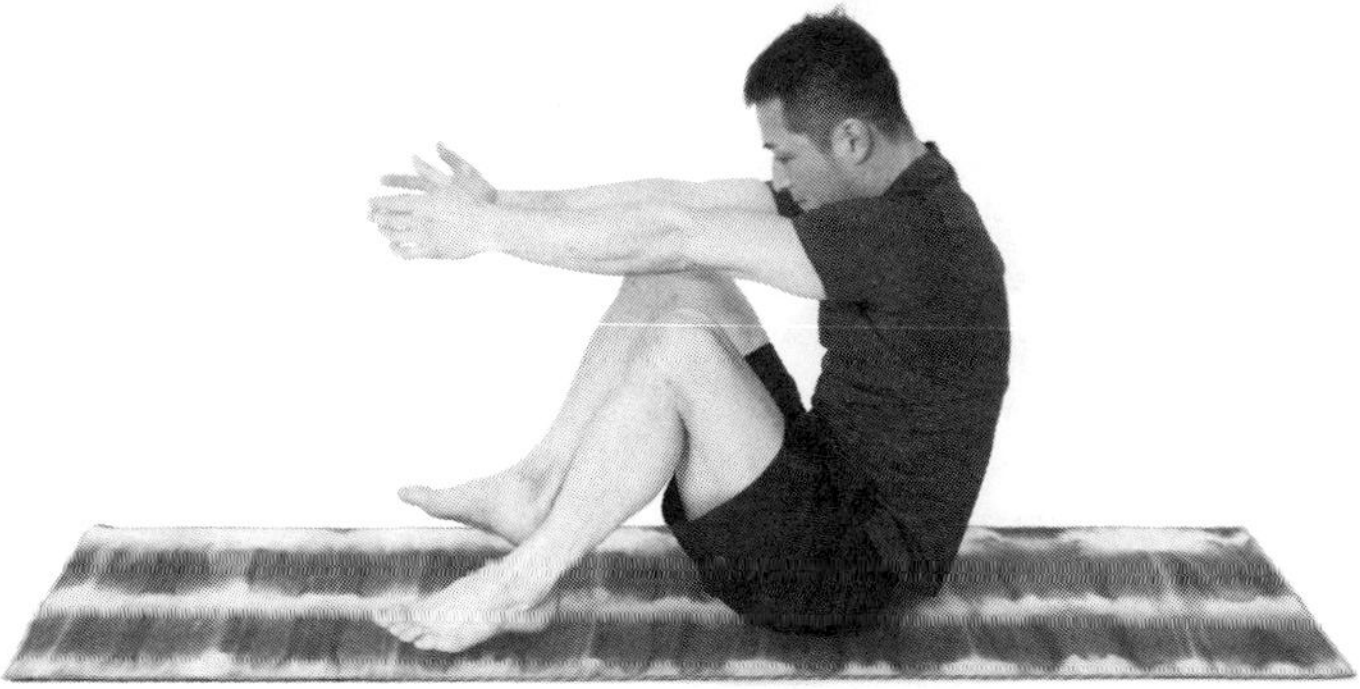

❹❸で伸ばした腕（手の甲）をさらに前方へと
伸ばし、重心を移動させる。

❺親指と小指を開いて接地。

❻Cカーブを作りながら、前足に加重していく。

❼加重しきったところで足を床から離す。

## point

ロールアップの動作とカエル倒立を組み合わせた応用的な種目。床に寝転んだ状態から、からだを起こして、カエル倒立に至るまで、重心を滑らかに移動させる感覚を養う。

ロールアップとの違いとして、こちらの動作は起き上がってからさらに重心を前に移動させるので、ロールアップよりも足幅を少し広げて骨盤をより開いた状態にして、背骨を入れるスペースを作る必要がある。

# 10　跳び箱

**[エクササイズの手順]**

❶蹲踞の姿勢からさらに手を前に出して接地する。
あごを上げ、首を反らせて、お尻を深く引いて、
胸にバネをためて行う。

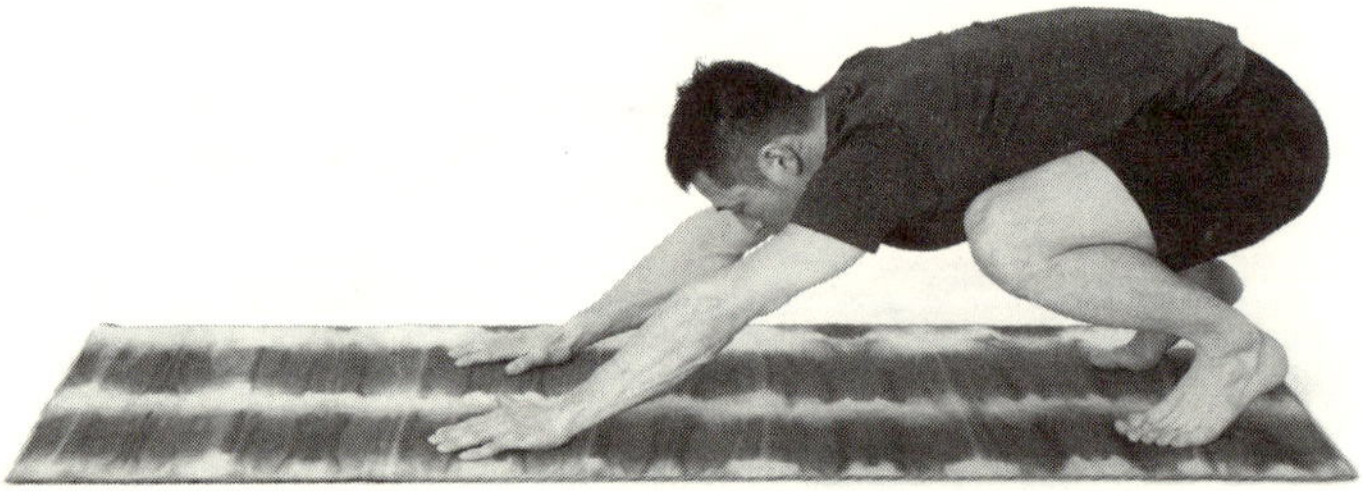

❷前足（=手）に体重を乗せていく。

❸体重が乗り切ったら骨盤を引きつけながらさらに重心を前に移動させる。

❹なるべく骨盤が高い位置で接地する。腕の力が抜けていることに注目する。

## point

この種目は体重移動をスムーズにできるようにする種目。普通の跳び箱は助走をつけているので前方へ飛べるが、この種目では前方への距離を出す必要はない。腿を力ませて脚を引きつけると、お尻が落ちてしまう。背中のCカーブを作り、骨盤から引きつけられるとお尻を落とさずに高い位置を保って着地できる。

CHIBATORE

# 11／ロールアップからのスタンドアップ（蹲踞）

**［エクササイズの手順］**

❶9／ロールアップからのカエル倒立と同じ。

❷膝が内側に入らないようにする。

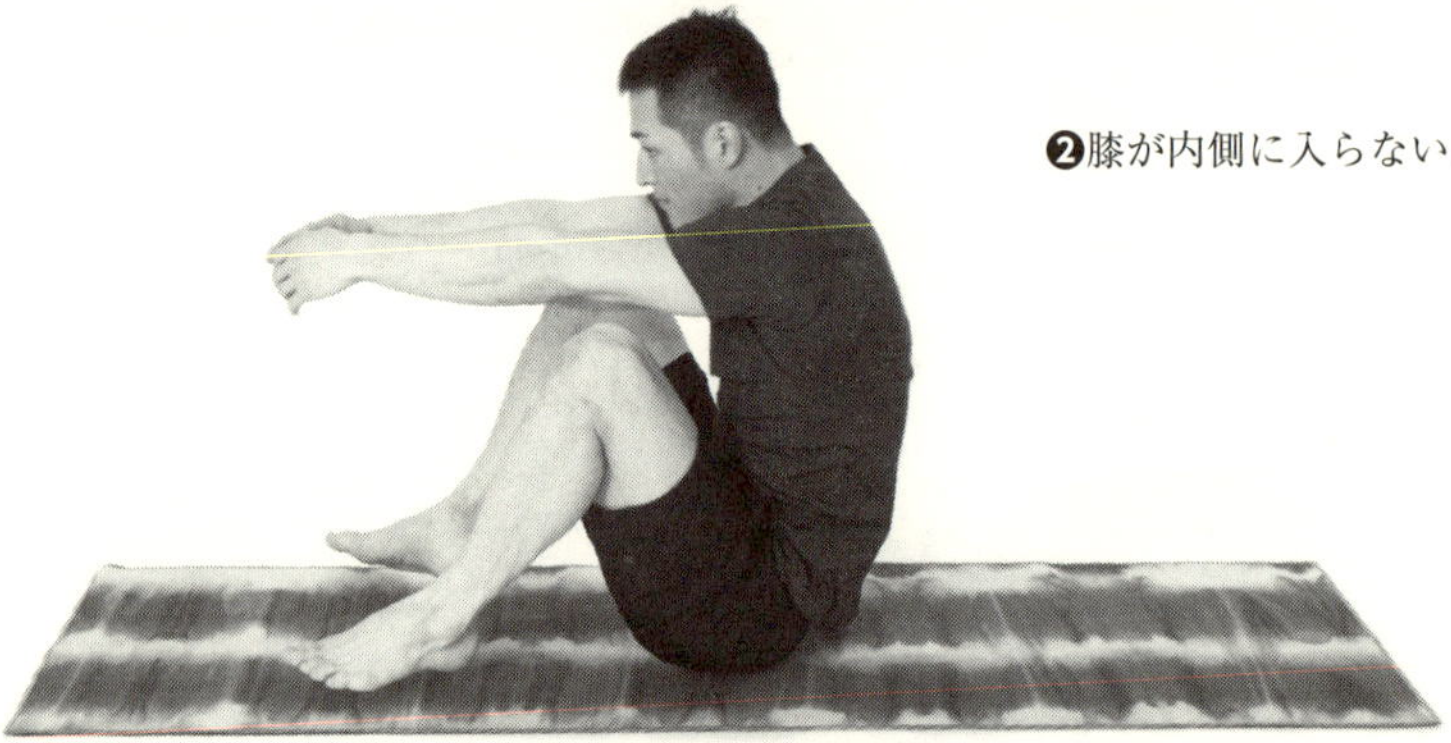

❸足裏全体に均等に体重をかける。

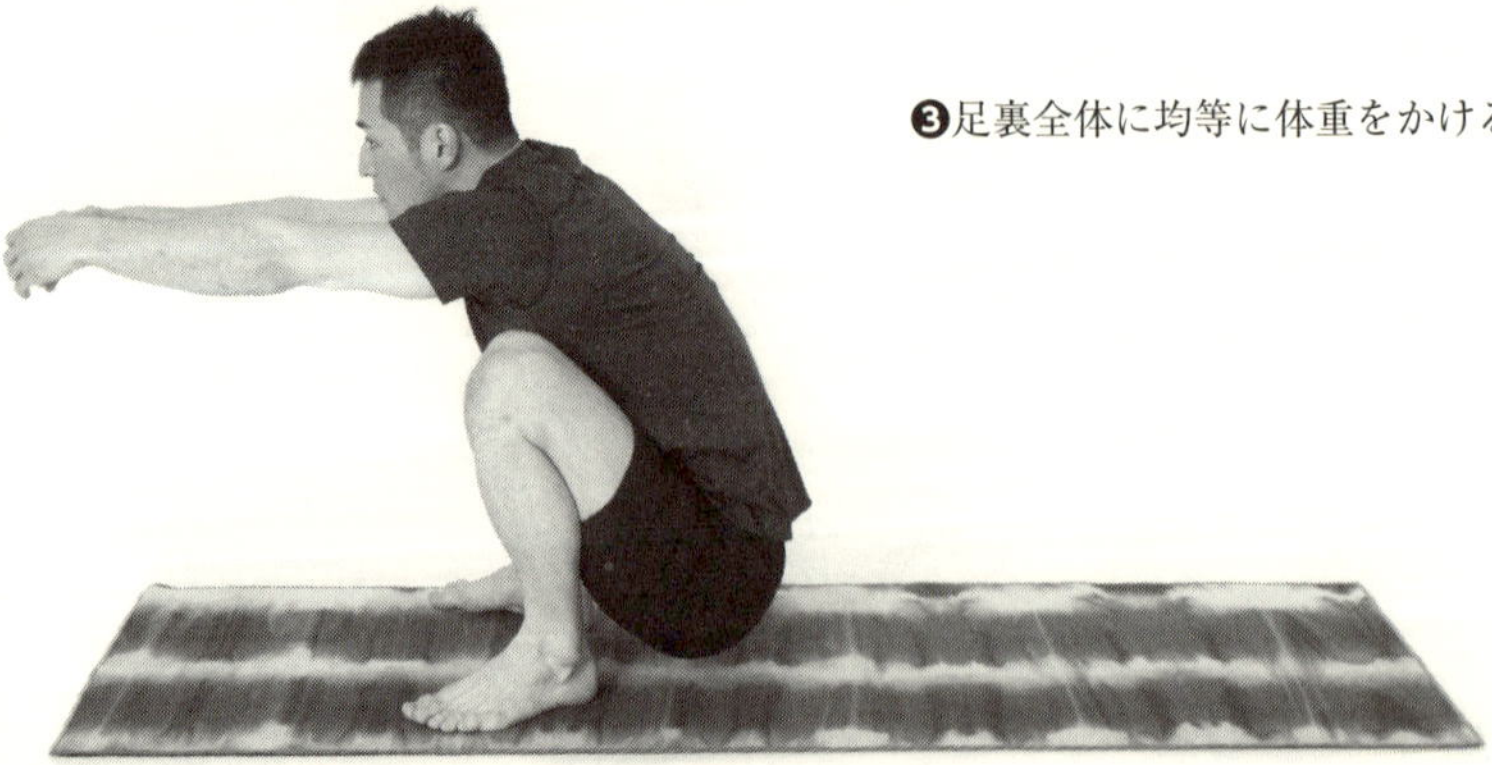

❹さらに手の甲を前に出しながら、
起き上がる。

❺起き上がりながら骨盤を開いて
蹲踞《そんきょ》の姿勢になる。

## point

ロールアップの動作と骨盤の開閉の動きを組み合わせた応用的な種目。蹲踞の姿勢になったとき、足の親指と小指で床を握る感覚が得られるように。

# 12 ロールアップからの片脚スタンドアップ

**[エクササイズの手順]**

❶仰向けになり、左膝を立てる。右脚は膝を緩めて地面と垂直方向に上げる。両手は頭上に上げておく。基本はロールアップの準備状態と同じ。

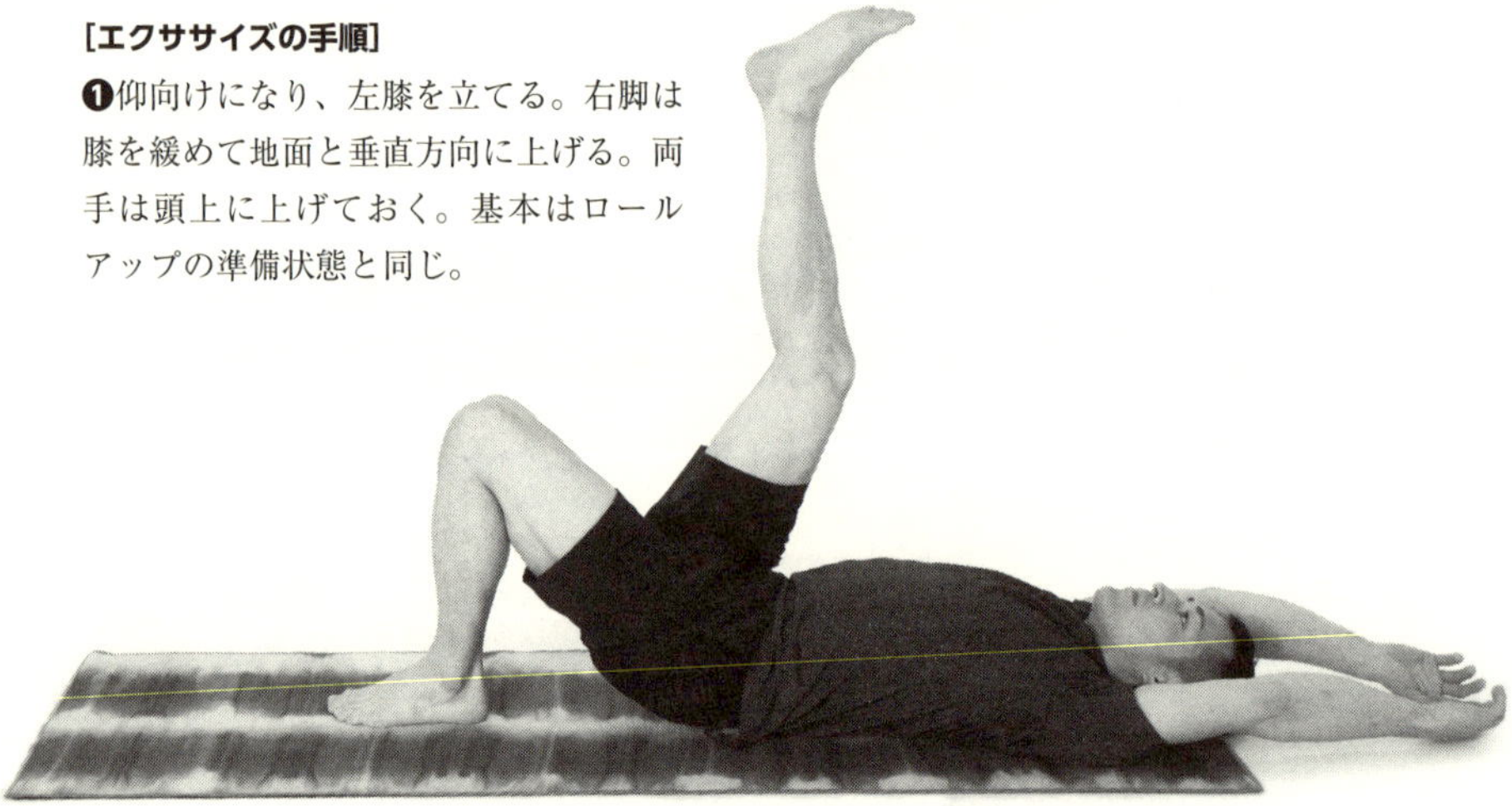

❷両手を横に開きつつ、首を持ち上げるのと同時に、右脚を床に下ろしていく。

❸腕を前方に伸ばしつつ（肩甲骨の外スライド）、
上半身を起こす。

❹さらに腕を伸ばしつつ重心を前方に移動させ、
左脚にしっかりと乗り込む。

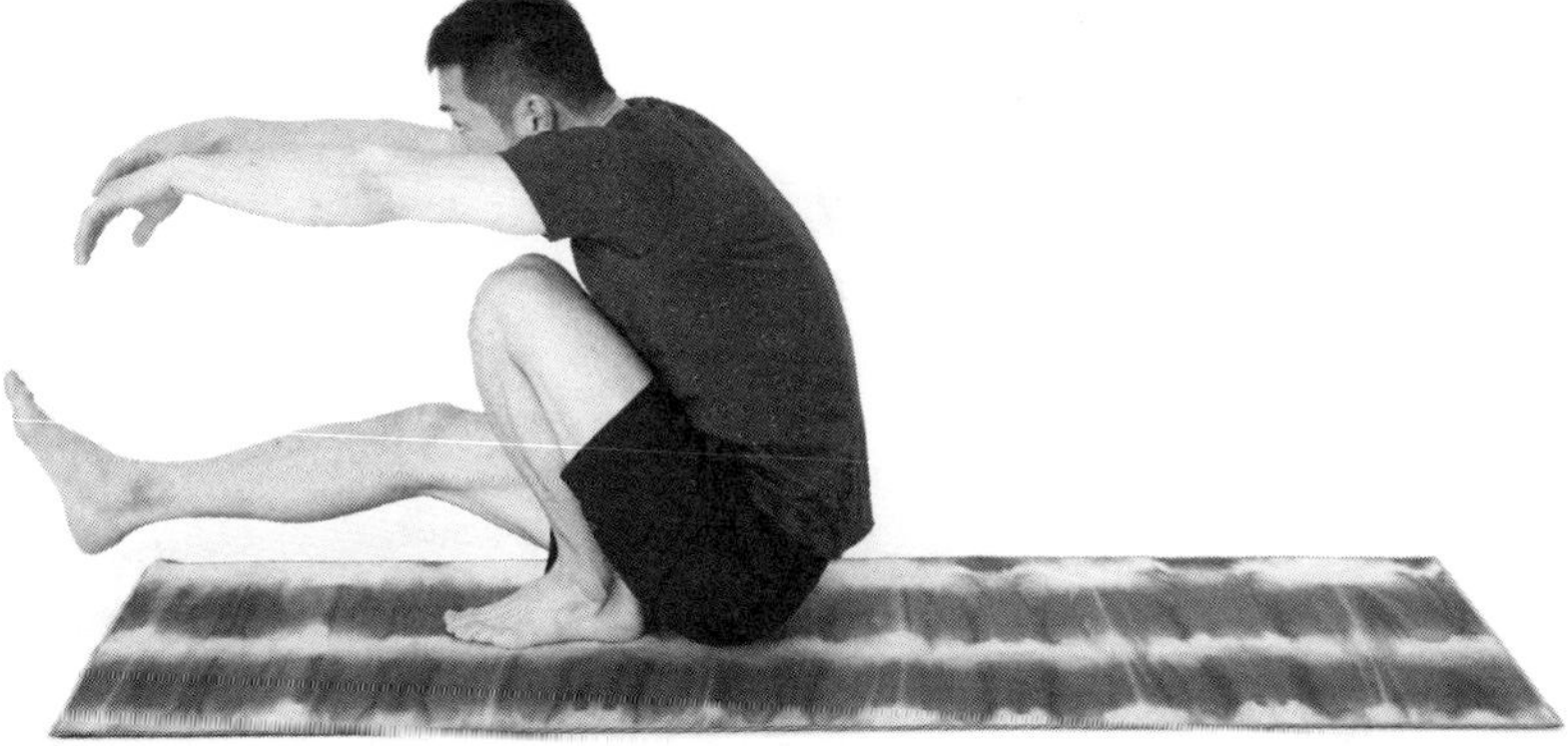

❺乗り込みきったら手の甲を持ち上げることでからだを引き上げる（スクワットのように左脚の筋力で立ち上がらないこと）。逆脚でも行う。

❻

## point

ロールアップからの二軸感覚を養う応用的なエクササイズ。重心の移動がスムーズに行われると、その変化によって腿の筋肉に頼らず片脚で立ち上がることができる。左脚にしっかり加重して乗り込めるかどうかがポイント。

# 第3章
# チバトレベーシックメニュー
## ほぐしの動き＋基礎エクササイズ

# 1 両脚ワイパー

CHIBATORE

**［エクササイズの手順］**

❶床に仰向けになり、脚を骨盤幅より少し広いくらいに開く。両つま先を外側にしてだらんとしておく。腰が力まないようにする。

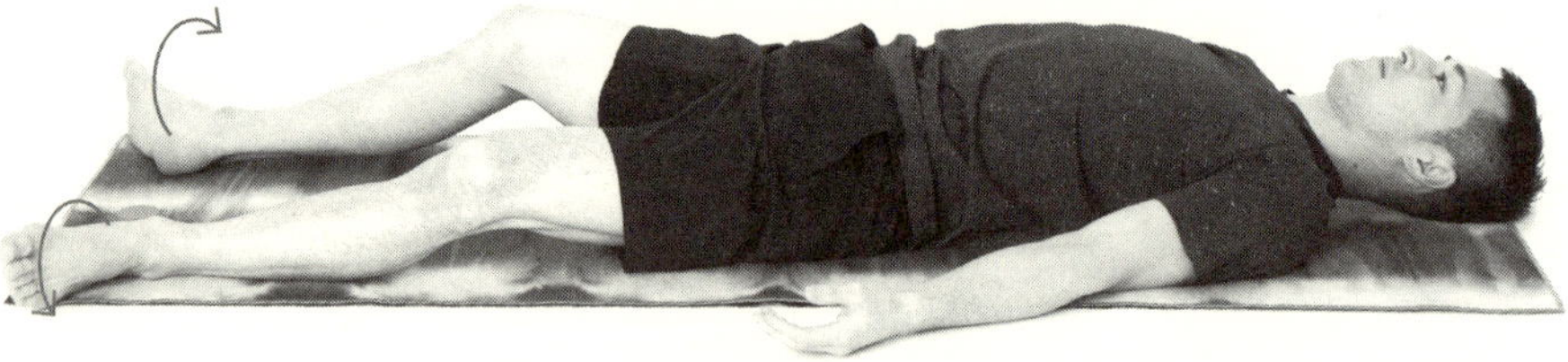

❷お腹から動かして、両つま先を内側に向ける。何度かくり返す。

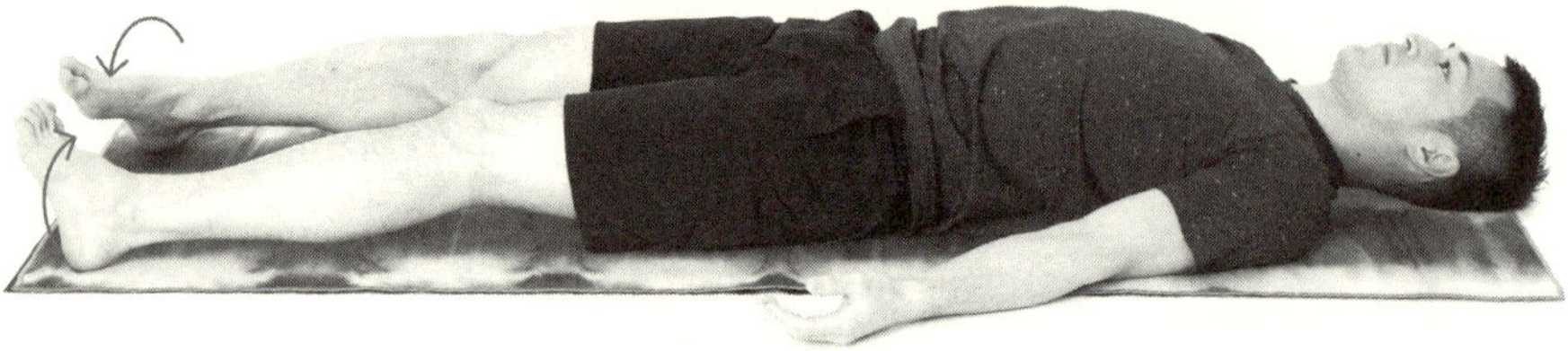

## point

お腹から脚を動かす感覚をつかむ種目。大きく動かす必要はない。

また、からだの上下に分離する感覚も養う。脚を動かすために上半身が力んでしまわないように。脱力しているけれどぐらぐら揺れない状態を保つ。

両足を動かしながら、右のお腹からの脚の動きと、左のお腹からの脚の動きを確認して、動かしづらい側を重点的にくり返すこと。このとき膝を上下にトントンと揺らし床を叩く動きを取り入れてもよい。
両脚ワイパーで違和感のある側の脚を 2 ／片脚ワイパーで整える。

CHIBATORE

# 2 片脚ワイパー

**[エクササイズの手順]**

❶床に仰向けになり、片膝を立てる。反対側の足はつま先を外側に向け、脱力しておく。

❷両脚ワイパーと同じく、お腹から脚を動かして、つま先を内側に向ける。何度かくり返す。反対側も行う。膝を立てている脚を動かさないように。

## point

伸ばしている側の脚を大きく動かそうとすると、反対側の脚が浮いてしまう。左右の脚を分離させた状態で行うこと。

CHIBATORE

# 3 祈りのポジション

**[エクササイズの手順]**

正坐をし、腕を少し前に出して、親指同士と人差し指同士を軽く接触させ三角形を作る。手と膝の間に頭を入れて、額を床に付けた状態で呼吸を重ねる。足はかかとの内側と親指の内側を接触させる（親指は重ねないように）。

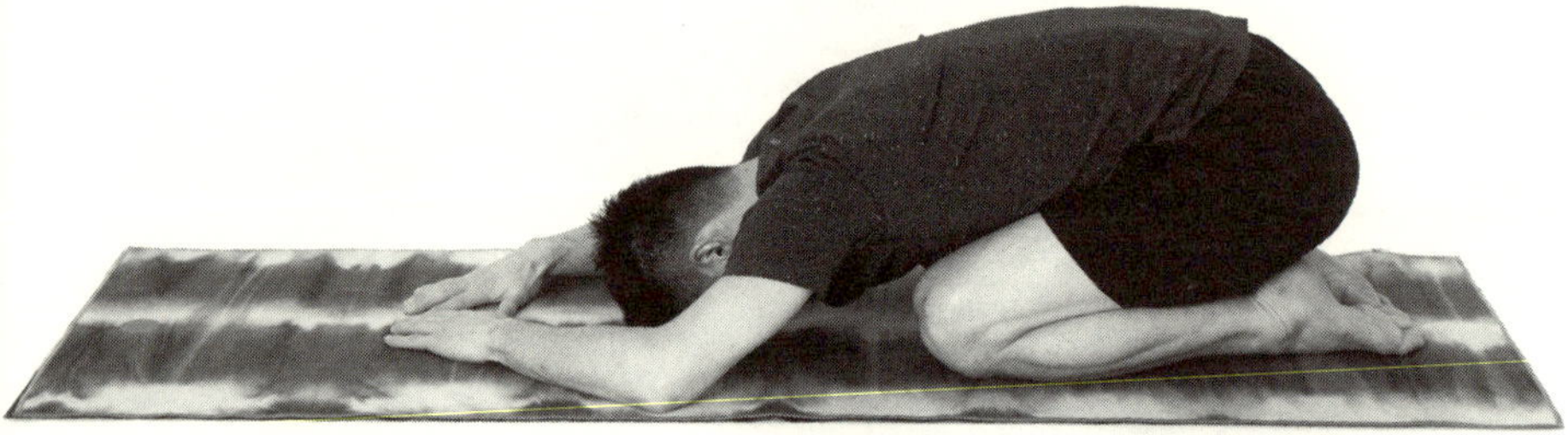

## point

普段体の中で緊張しやすい部分をリラックスさせた状態にして呼吸に集中できる種目。顔が地面を向いているので、視界に何も入らず、からだの内側の感覚に集中しやすくなる。何度か呼吸を重ねたら、手の親指と人差し指、足の親指とかかとが接触しているライン（からだの中心を通るライン）を感じて、余計な力が抜けて収まる感覚に目を向けてみる。

からだの各部位に硬さがあったり、緊張感が残っていると、丸みをもった形でリラックスすることが難しくなる。エクササイズの前後でこの姿勢をとって、自分の状態を確認することができる。

また、この姿勢は、普段感じにくい呼吸を体感できる姿勢でもある。通常坐って（立って）呼吸をするときには、背中のＳ字カーブを意識していわゆる「良い姿勢」になろうとしてしまうので、知らず知らずの内に背部に緊張が入ってしまっている。しかし、このようにお祈りの姿勢を取ることでＣカーブが自然に形成され、背面にも深く呼吸を入れることが可能になる。

お腹側では呼吸に合わせた腹部の動きを腿を通して感じることができる。左右のお腹の動きを見てみると、そこにかなり違いを感じられるはずなので、動きが悪い側を意識して、そこがより動くように、広がるように呼吸をすることで横隔膜の活性化にもつながっていく。腹部が横に広がる動きも感じる。

# 4 同側リーチ、対角リーチ

CLUBATORE

**[エクササイズの手順]**

**❶ 同側リーチ**

床に仰向けになる。呼吸を入れる側の手と脚を伸ばし、反対側の膝を立てる（手はだらんと力を抜いておく）。伸ばしている手足をより伸ばしながら呼吸を深めていく。逆の組み合わせも行う。

**❷ 対角リーチ**

床に仰向けになる。右手と左脚（対角）を伸ばし、右膝を立てる（左手はだらんと力を抜いておく）。伸ばしている手足をより伸ばしながら呼吸を深めていく。逆の組み合わせも行う。

## point

身体の中心を内側から外側に広げながら呼吸する種目。腹部で呼吸をすること。同側軸・対角軸の切り替えの準備エクササイズでもあり、脱力する側の手足の抜け感が重要になる。

脱力してはいるのだが、外側に開いてしまうことがないように立てている脚の親指の内側と膝の内側に緊張感を感じておくこと。まずは脚を伸ばしてから手を伸ばすと軸の感覚がつかみやすくなる。

# 5 首振りと膝倒し

**[エクササイズの手順]**

❶床に仰向けになり、両膝を立てる。両腕は開いて接地し、脱力しておく。はじめに胴体を動かさずに、首だけ左右に動かして胴体との分離をはかる。その感覚がつかめたら、首の動きと反対側に両膝が倒れていくようにする。

❷何度かくり返す。

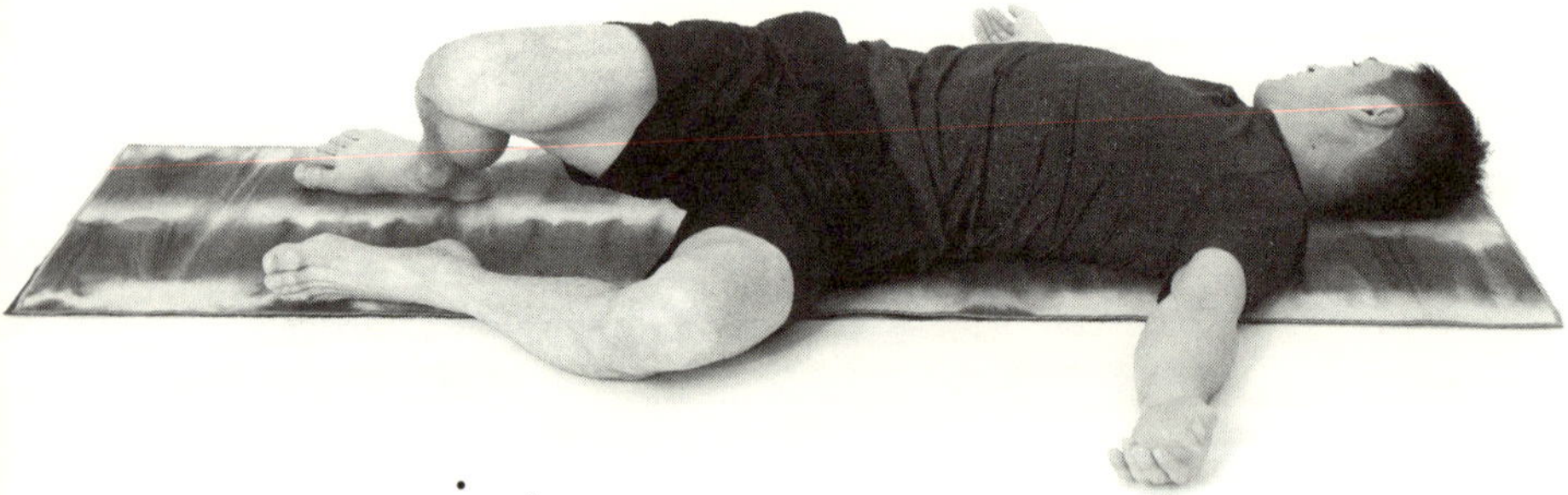

## point

ワイパーで動かした脚の動きの感覚を保って大きく行う種目。倒れていく脚と首の動きのカウンターでバランスを保つ。両手は何も運動に参加していない。

からだの中心に一本の串が通っている状態で回っている感覚が得られるとよい。腰の力み、反り、肩の力みが入らないように丁寧に行う。

# 6 チェストオープン

CHIBATORE

**[エクササイズの手順]**

❶3／プレイヤーポジションと同様の姿勢をとる。

❷片側の手の甲を仙骨付近（お尻〜腰の間）につける。首をつけた手と反対側に振る。

❸首を戻してくるのと同時に胸を開く。

# point

大事なことのひとつは、下の手でしっかりと床を押すことで上の手を開くということ。上の手から先に開かないように。小指の外側に加重できるとよい。

多くの人の胸部にねじれがあるので、左右で振り返りやすい側、苦手な側がある。苦手な側を重点的にくり返すこと（たいてい床を押す側が利き腕になるとやりやすい）。

また胸を開いた時に、頸に緊張が入らないように意識する。最初のポジションの骨盤と仙骨の位置をキープしたまま行う。

# 7 バッタポジション

CHIRATORE

**[エクササイズの手順]**

❶床にうつ伏せになり、胸の横あたりに手のひらを接地させる。

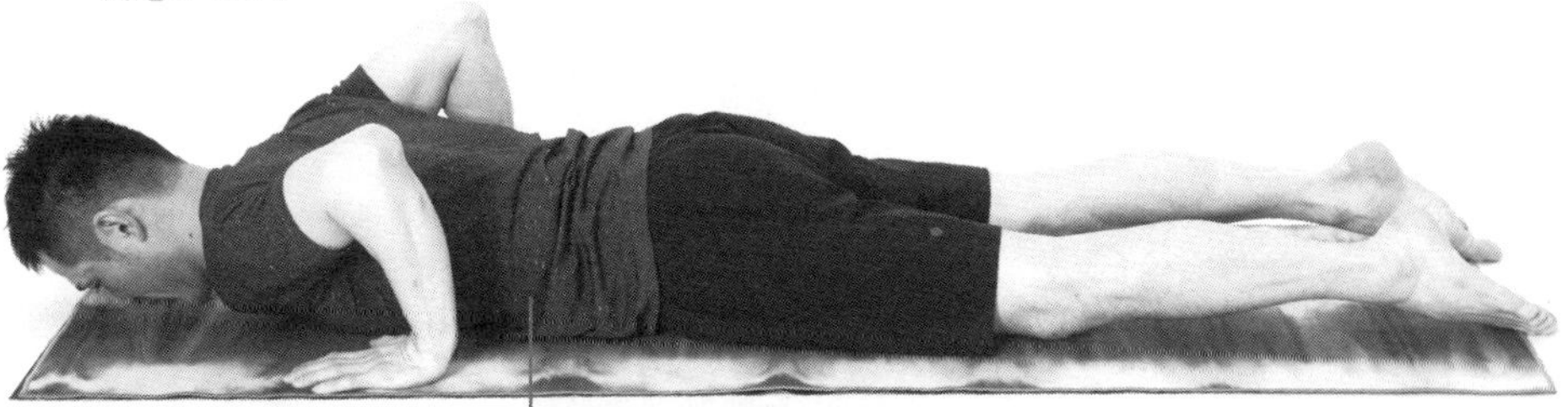

腰骨で床を押さえる

❷力感なく胸を持ち上げる。

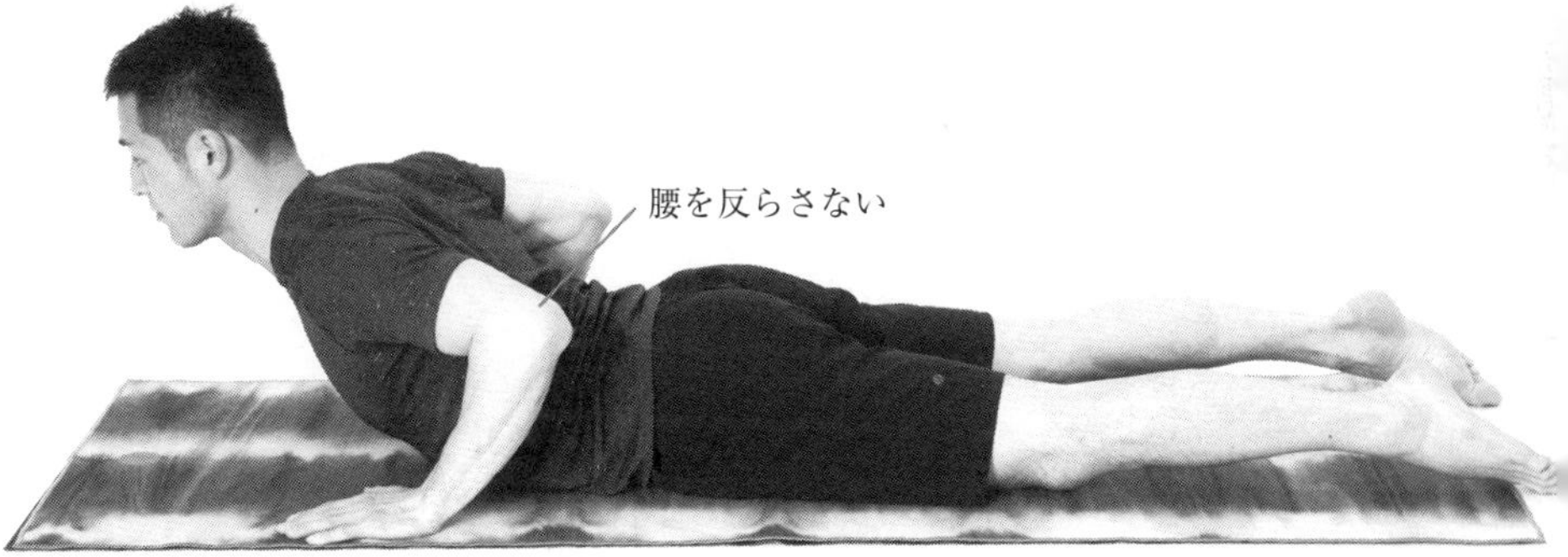

腰を反らさない

## point

胸椎と肩甲骨の連動を高める種目。肩甲骨を意識しながら胸を立てる。見た目以上に難しい。動きがきれいに連鎖しているときは❷の写真のようにつま先が外に出ていく。肩甲骨には自然に乗っかるような感覚になる（肩甲骨を動かそうとしているわけではない）。

からだが起きてくるとしっかり仙骨で床を押すことができる。首のまわり、肩のまわりに緊張感がないか確認する。

# 8 同側軸 バックエクステンション

CHUBATORE

[エクササイズの手順]

❶床にうつ伏せになり、胸の横あたりに手のひらを接地させ、少し腰を浮かせる。

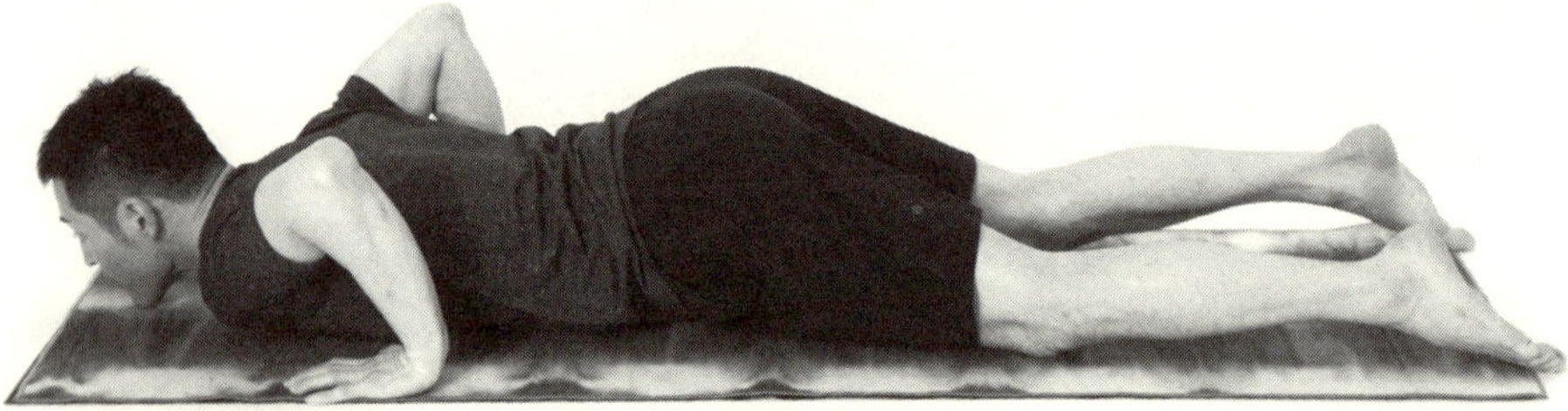

## point

バッタポジションと違い、骨盤も意図的に動かしていく。手脚を伸ばしたときにからだがよれたりねじれたりしないように意識する。

❷浮かせた腰を戻して床を押すのと同時に胸を出す（バッタのポジション）。

❸腰と恥骨でしっかりと床を押しながら、同側の手と
脚を持ち上げて伸ばす。

# 9 ワニポジション

CHIBATORE

**［エクササイズの手順］**

❶7／バッタポジションから、右側を向く。

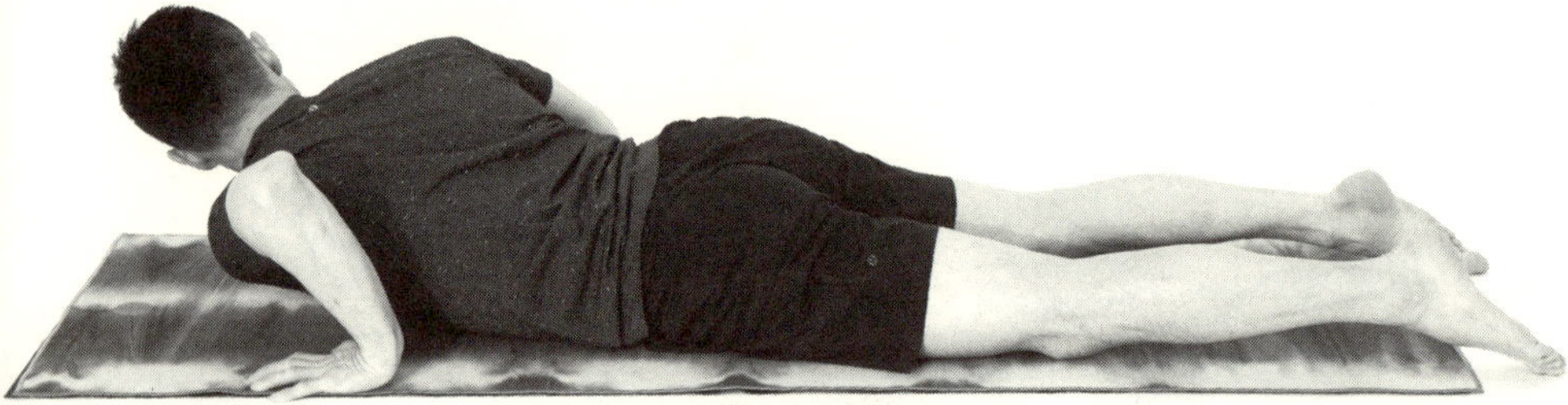

❷反対側に振り返りながら、膝を肘の位置まで引きつける。そのとき、右脚はしっかり伸ばす。同様にして反対の動きも行う。

## point

足の引きつけを組み合わせる前に、まずは力みなく左右の振り返りができるようにする。肩甲骨から地面に力を伝えることが大切。肩をしっかり入れて振り返ることができるようになると、自然と振り返る側の指先が浮くようになる。

振り返ることができたところに脚を引きつける。二軸運動を養うとても重要な種目。

こちらも左右差が現れやすいので、肩甲骨でしっかり地面を押せない側（利き手でない側）を重点的に行うと、運動の改善につながる。肩甲骨を安定させて、胸部からの動きを肩甲骨を介して手に伝える能力が養われる。

脇が空いていないか、肩がずれていないか、セルフチェックをしながら行うこと。

# 10 カエルストレッチサーキット

CHIBATORE

**[エクササイズの手順]**

❶両肘と両膝でからだを支持する。腕は尺骨から小指のラインで接地し、足はつま先を外に向け、足裏が向き合うようにする。腰は反りすぎないように自然な角度をキープする。

❷骨盤の角度をキープしたまま、お尻とかかとを近づける。何度かくり返す。次第に膝同士の距離が離れて、屈曲が深くなっていく。

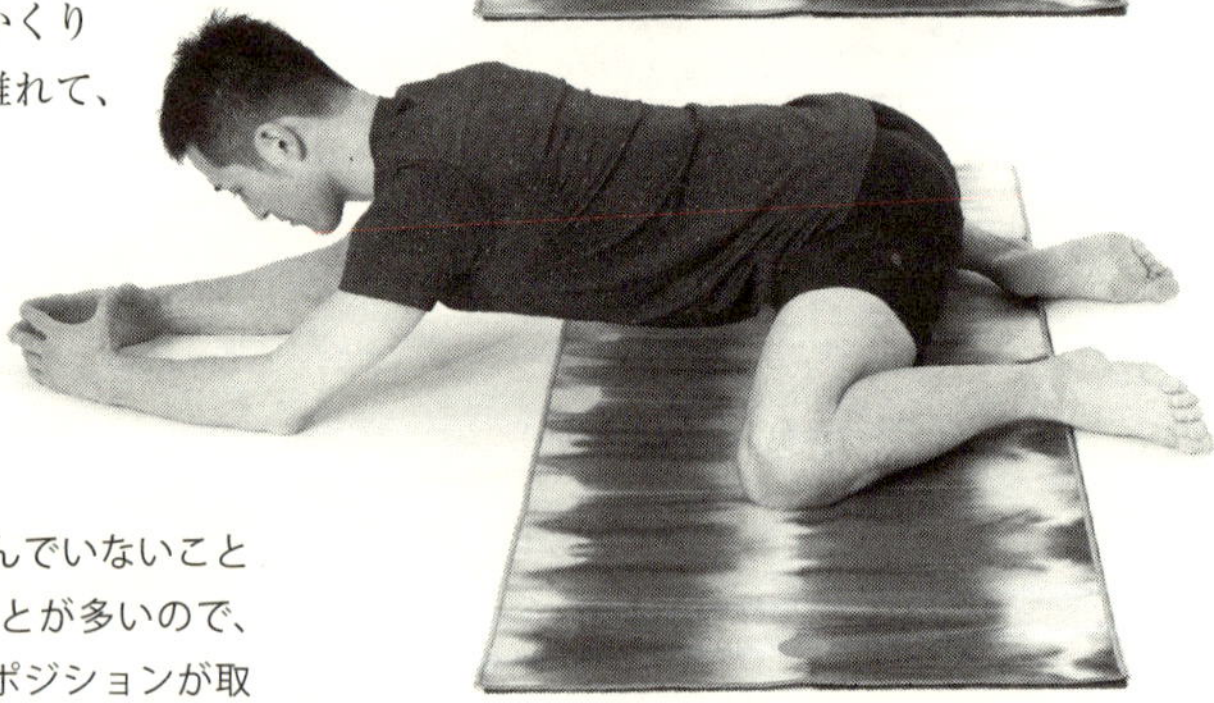

## point

❶〜❺の動きを通して背部が力んでいないことが大切。骨盤にゆがみがあることが多いので、左右差が出やすい種目。適切なポジションが取れていると股関節の動きに遊びがあるので、スムーズに屈曲を深めることができる。

❸〜❺の肩を入れていく動きのときは、手で床をしっかり押さえ、圧が減らないようにする。圧が減ってしまうと頭部のポジションが落ちてしまう。

❸屈曲を深めた位置（お尻とかかとを近づけた位置）で、左膝に左肘を近づけて前に残した右肩を入れながら胸を床に近づける。

❹右膝に右肘を近づけて、前に残した左肩を入れながら、胸を床に近づける。

❺❹の右肘の位置に右手を移動し、左肩を入れながら右側から後ろを振り返る。同時につま先を伸ばして脚を外側に旋回させ、元に戻すことをくり返す。反対側も同様にして行う。

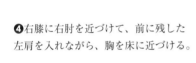

# 11 キャットポジション

CHIBATORE

**[エクササイズの手順]**

❶四つ這いの姿勢を取り、首を持ち上げながら背中を反る。

❷首を落とし、背骨から動かすことで、背中全体を丸める。
丸める - 反るをくり返す。

## point

動きのなかで肩甲骨をしっかり広げたい種目。背骨から動かして、背骨の上部と下部が同時に丸まることでアーチができる。背中を丸めるときに、首がすぼまって肩甲骨が前にずれてしまうことが多いので気をつける。

お腹の内側から鳩尾を引き上げるようにして丸めること。上部だけで丸めようとする感覚にならないように。丸まったときに、下部の感覚としては、腿の内側で何かを挟んでいるような感覚が出る。

また丸めるときに床を押そうとはしていない。背骨から動いた結果、手で床を押したような感覚になるのが正解。接地面はふわっとした感覚を保っている。

反るときに重要なのは肩甲骨を寄せようとしないこと。肩甲骨を寄せると首回りに過度な緊張が表れる。骨盤の角度は反るときも意図的に変えようとせず、背骨の動きにつられて変化するようにする。

背骨からの動き出しができると、動きにおける力感がなくなってくる。バッタポジションに続き、とても難しい種目。

# 12 ルックバック

**[エクササイズの手順]**

❶四つ這いの姿勢を取り、つま先を浮かせる。

❷：後ろを振り返りながら、同じ方向につま先を動かす。
❶〜❷を何度かくり返す。反対側も行う。

## point

動きとしては、背骨の側屈に、脇を起こす動きと骨盤を引き上げる動きをリンクさせている。こちらも手の接地面はふわっとしている。腰は反らないようにする。

膝から下を浮かせているのは、脚を閉じて浮かせることで、脚の中心感覚を得やすくするため。からだに一本のラインを通して、それを湾曲させて動くという、「魚の動き」のイメージをつかむ種目。

# 13　膝を曲げ起こしながらロールアップ・ダウン

**[エクササイズの手順]**

❶ロールアップ・ダウン（109頁）の❶のポジションをとる。膝は伸ばし、足幅は骨盤幅と同じくらいに開いておく。

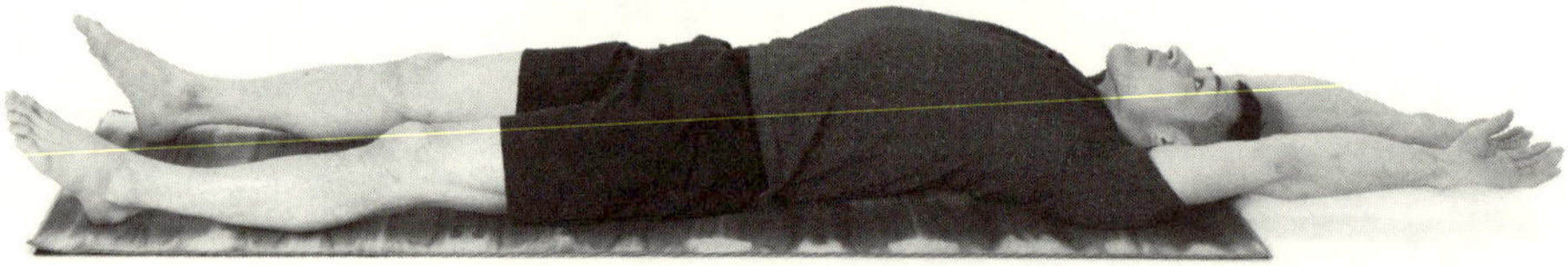

❷手を広げながら、首を起こす。

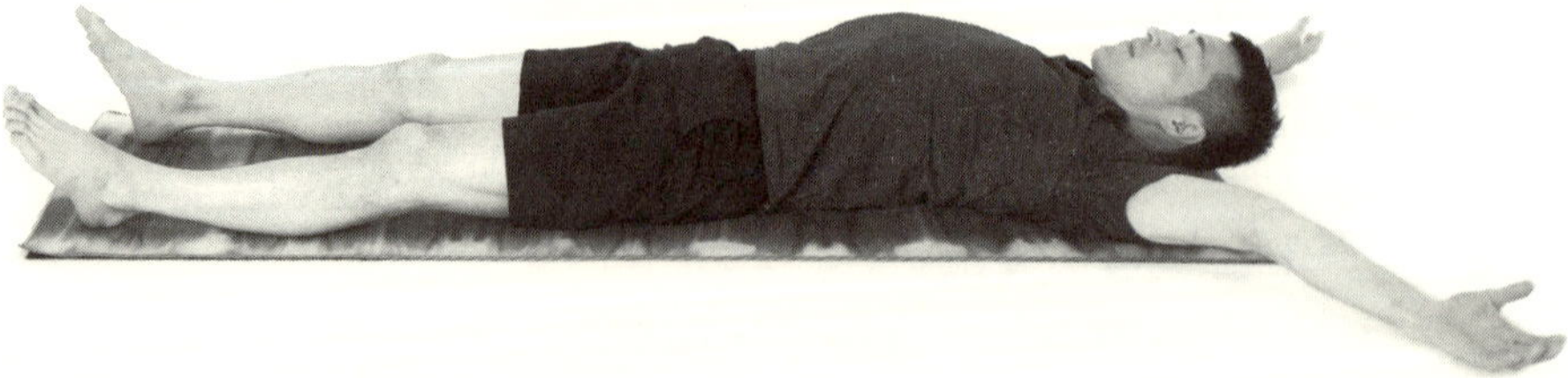

❸手を引き上げながら胸を起こす。腹筋を力ませないように。同時に脚も引きつけ始める。

❹足はどこかが接地した状態でするようにして引きつけてくる。腿とお腹が軽く接触するあたりまで引きつけて、からだ全体が起き上がる。このときも手には力が入っていない。

❺手が残っている感覚のまま、背骨（腰椎下部）から順に接地していく。同時に足をすらせながら、元のように伸ばしていく。

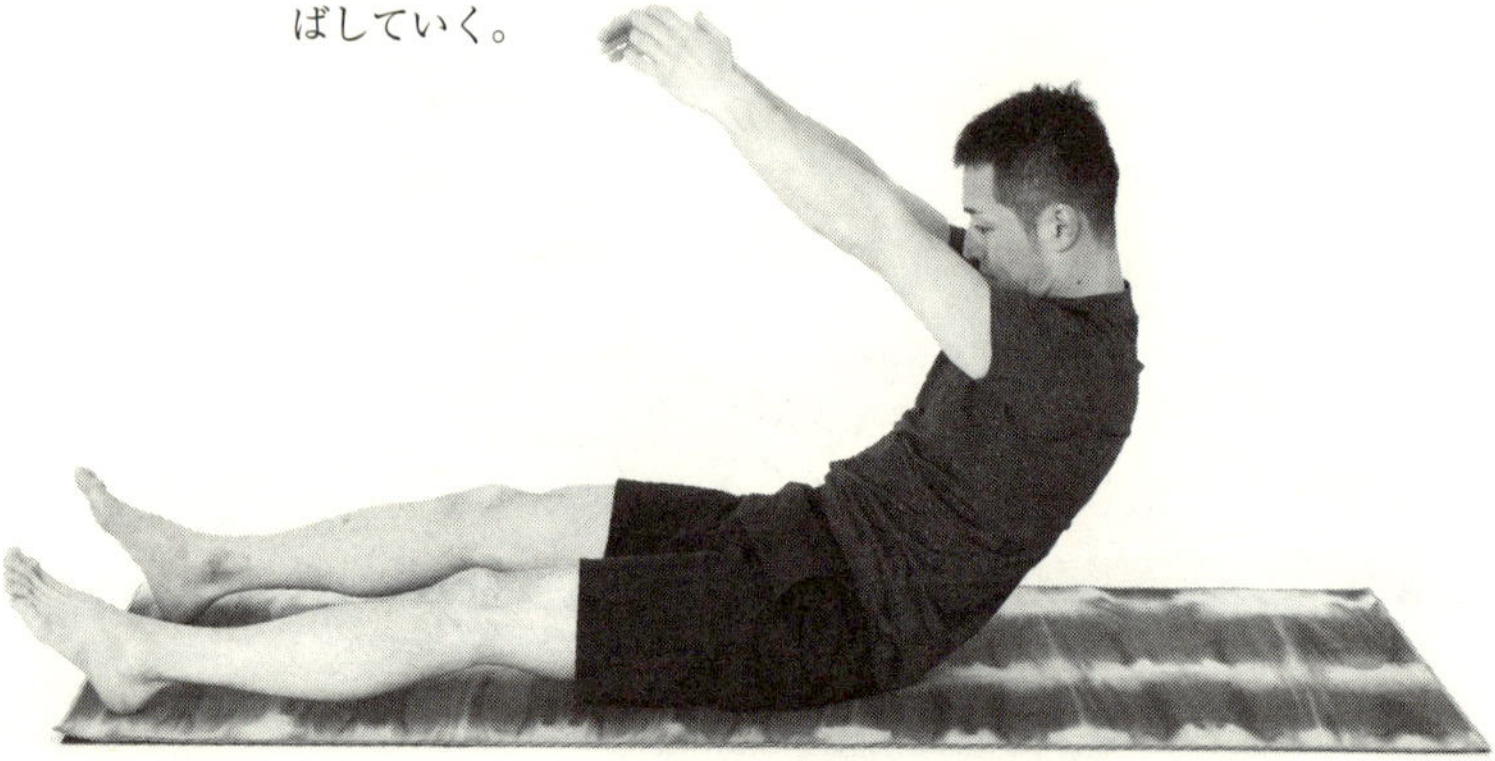

❻❶のポジションに戻る。❶〜❻をくり返す。

## point

実はノーマルなロールアップ・ダウンより、こちらの方が比較的力感なく起き上がることを習得しやすい。ただし、前腿を力ませて脚を引きつけてしまうことが多いので、その点に気をつけること。大腰筋が活性化してくるにともない、前腿の力みは取れてくる。

# 14 脇締め膝倒し

**[エクササイズの手順]**

❶両膝を立てて坐り、手はそれぞれお尻から斜め45度あたりに接地する。肘が真後ろを向くようにする（脇を締める）。

❷右手に加重するとともに首は右側を振り返り、膝は左側に倒す。❶〜❷を何度かくり返し、反対側も同様にして行う。

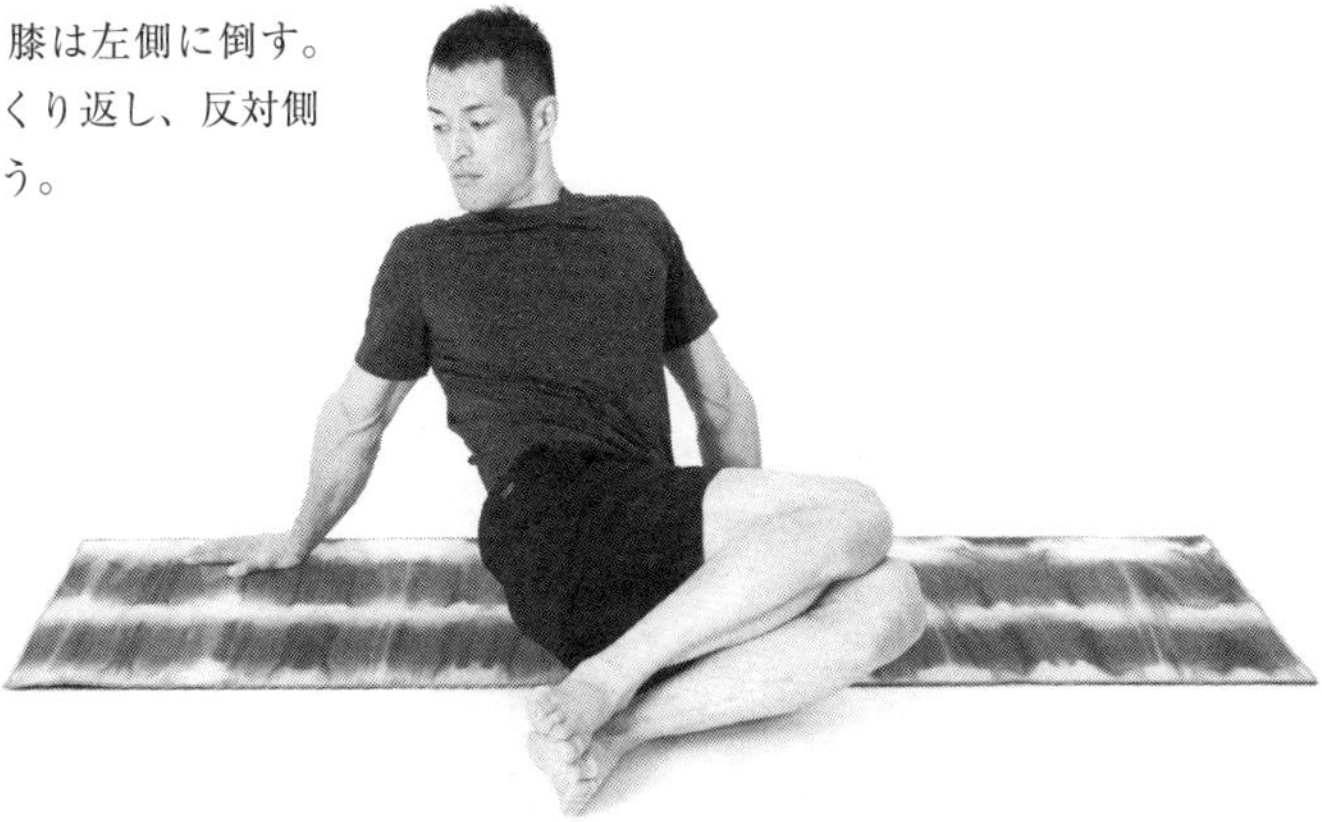

## point

手で床を押して膝を出す種目。このような運動（ルックバック、チェストオープン、ワニポジション等）においては、左右の手のひらでしっかりと押す感覚が大切。それが前足感覚につながる。

胸と腕のつなぎ目の柔軟性が確保できているかが問われるエクササイズ。

# 15 ニープッシュ&同軸ツイスト

**[エクササイズの手順]**

❶卍型に坐り、右手は右お尻の斜め45度あたりに接地する。骨盤は軽く丸めて（後傾）おき、左の大腰筋のあたりに左手を添える。

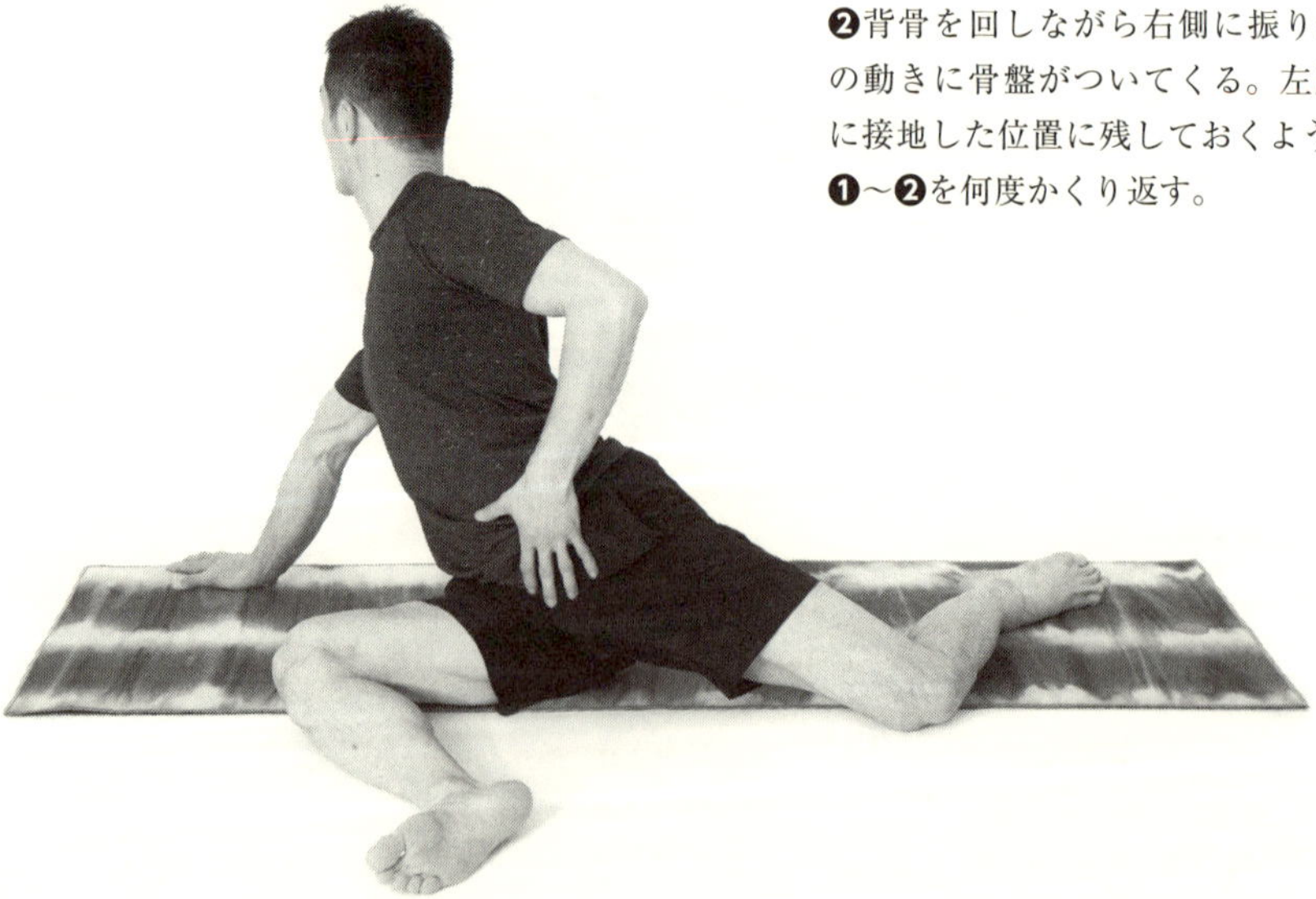

❷背骨を回しながら右側に振り返る。その動きに骨盤がついてくる。左膝は最初に接地した位置に残しておくようにする。❶〜❷を何度かくり返す。

❸❶のポジションに戻り、左の肘を曲げて水平位置に保つ。

❹背骨を回しながら、右側に振り返る。その動きに左手もついてくる。左膝は最初に接地した位置に残しておくようにする。❸～❹を何度かくり返す。

❺❶のポジションに戻り、左の肘を曲げて水平位置に保つ。手のひらを外に向ける。

❻背骨を回しながら、右側に振り返る。その動きに合わせて、左肩を入れながら、左腕を伸ばす。左膝を最初に接地した位置に残しておくようにする。❺〜❻を何度かくり返す。反対側でも同様にして❶〜❻を行う。

## point

骨盤や肩から動き出さないように。左膝で床を押しているのではなく、背骨が動いた結果、左膝に圧がかかる（キャットポジションの手のひらと同様）。お尻の後ろに置いた手のプッシュの動きに対して、同側のラインを伸ばしていく種目。

# 16 骨盤歩きベーシック

CHURATORE

**[エクササイズの手順]**

❶脚を伸ばして坐り、手のひらを前腿に軽くおく。背中と腰は軽くゆるめておく。はじめは右側に完全に乗り込んで、元に戻すという動きを何度かくり返す（写真❶は乗り込んだポジション）。

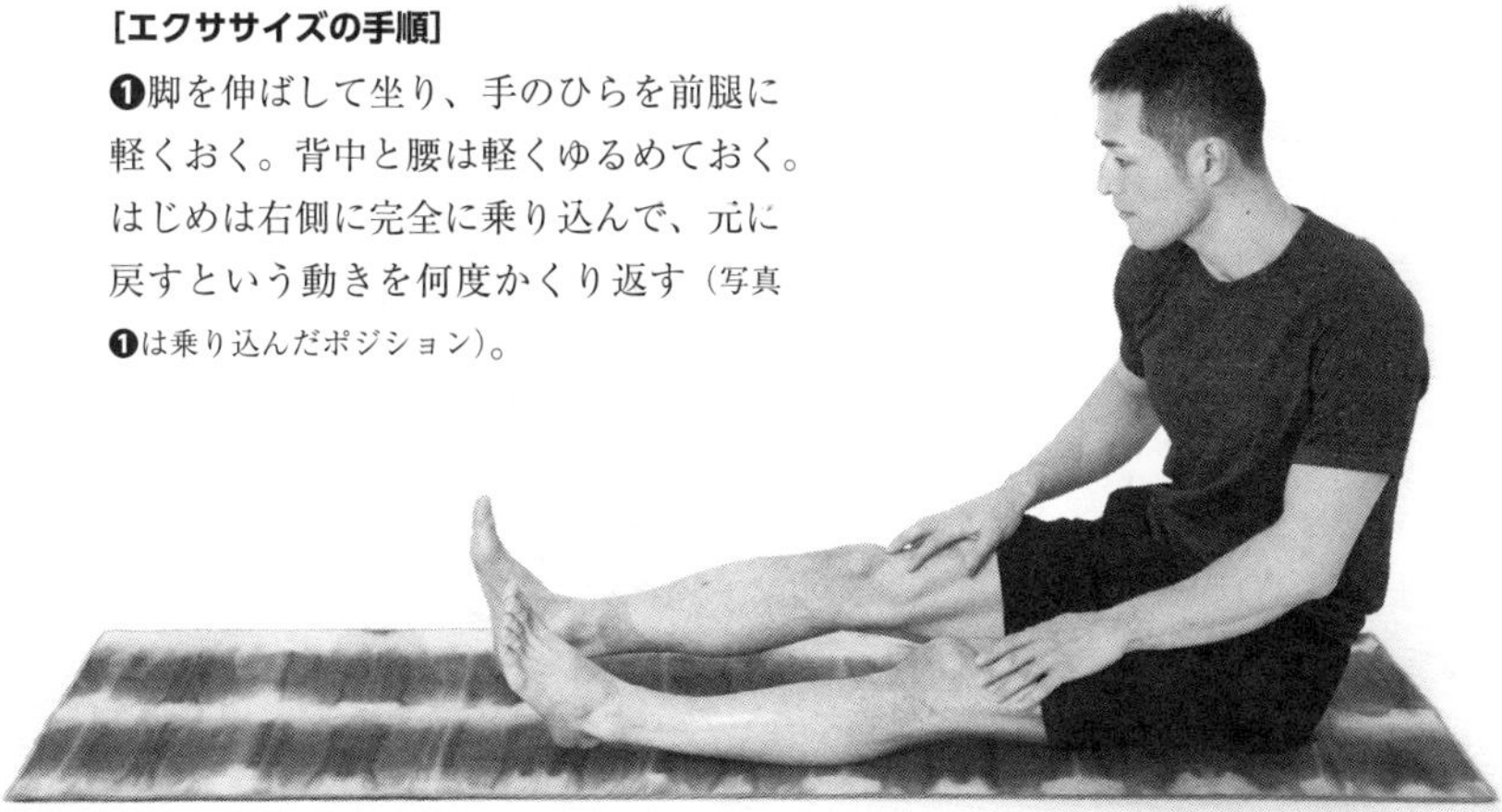

❷左側に完全に乗り込んで元に戻すという動きも同様にくり返す。乗り込んでいく際に、背骨を捻らないように注意する。背骨の角度を変えないで、左右の軸を入れ替えて移動する感覚をつかむ。

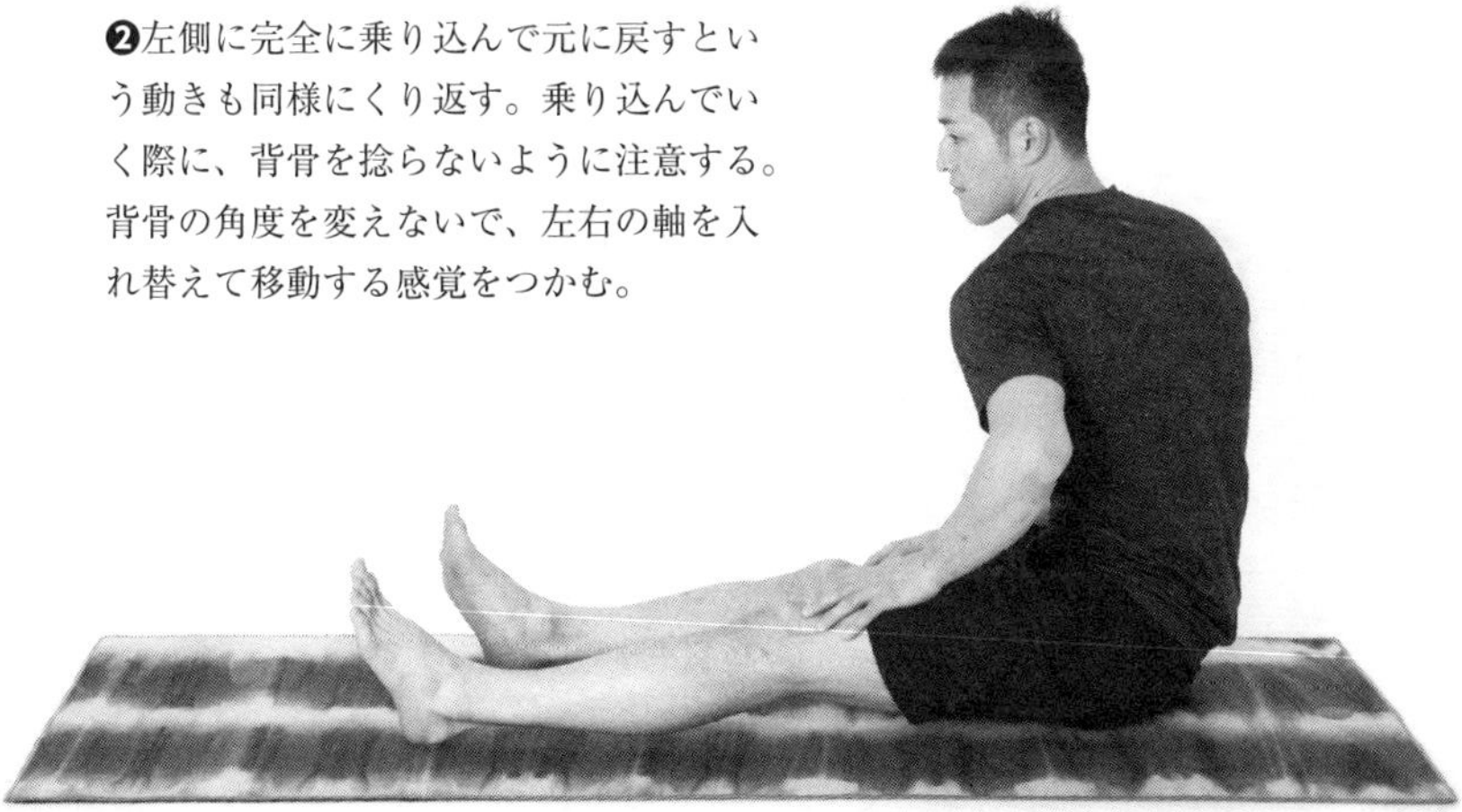

❸感覚がつかめたら、実際に軸を入れ替えて前進する。マットの端まできたら、バックして元の位置に戻る。

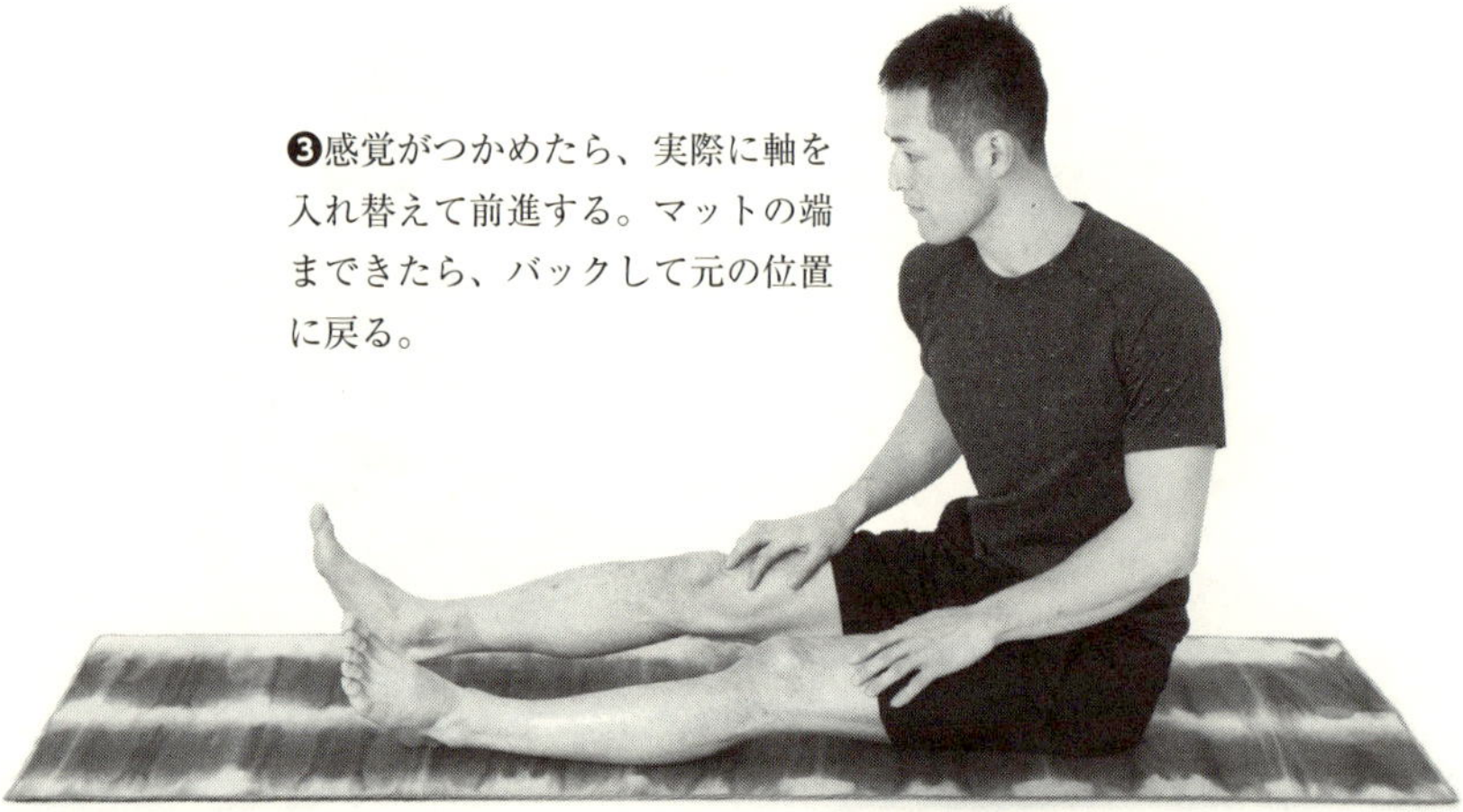

❹

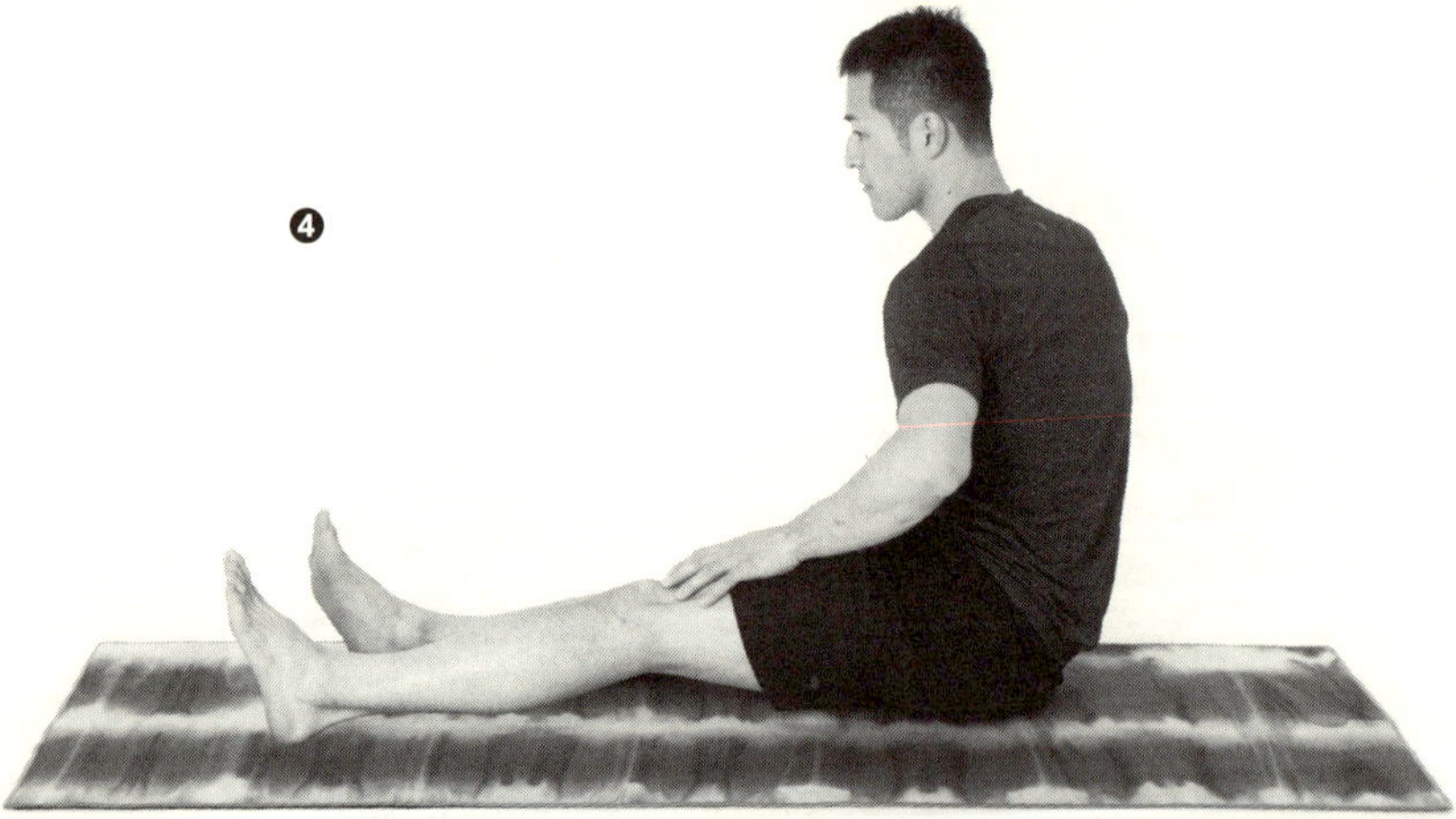

❺

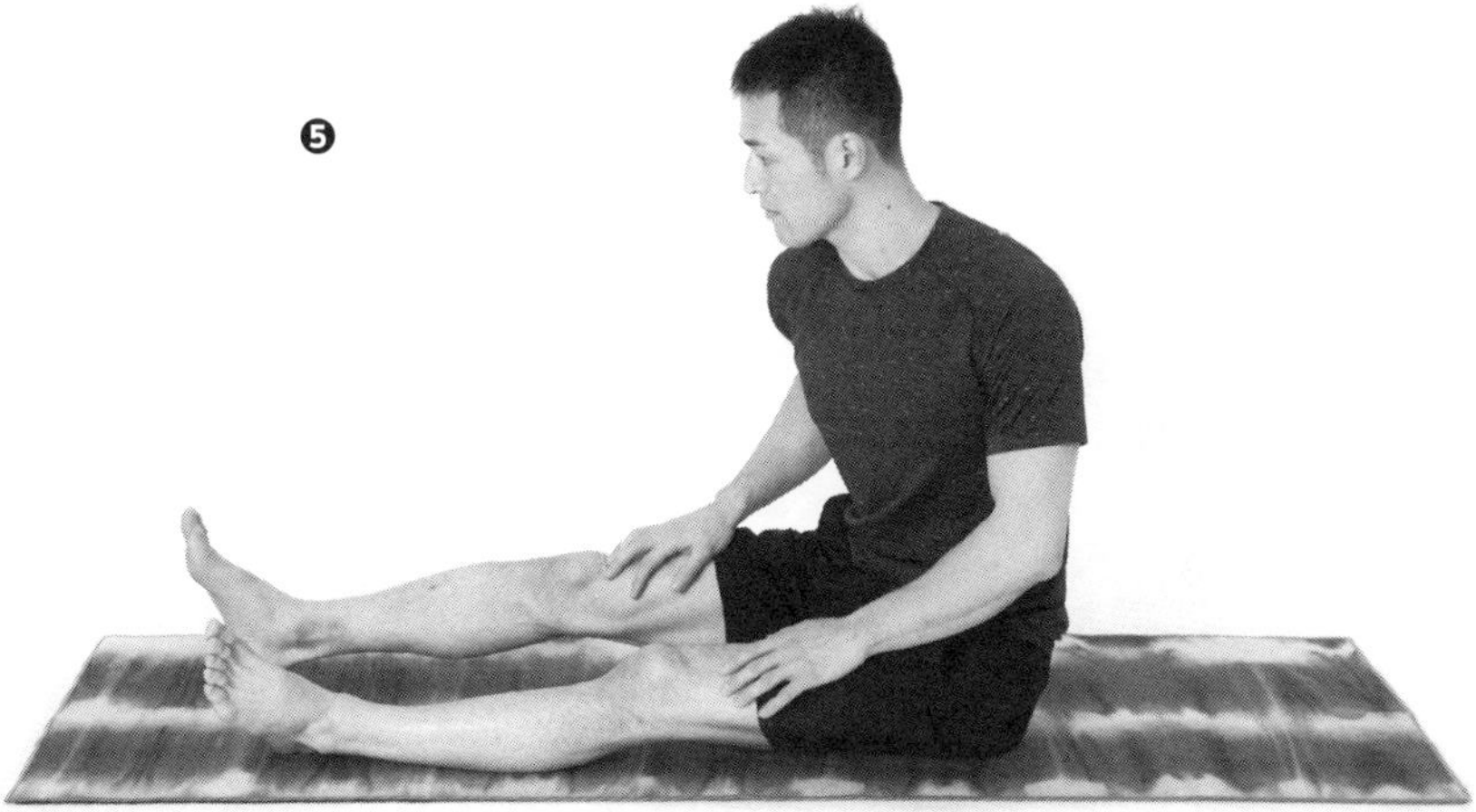

## point

二軸運動の感覚を養う基礎的な種目。背骨の捻りを使わずに、骨盤と肩甲骨を連動させて前に進むエクササイズ。一歩踏み出す側に重心を乗せていくのが最大のポイント。

骨盤歩きシリーズは、陸上にて立位で前後への動きがある競技を行われている方全員にぜひ習得していただきたい。

# 第4章

# 二軸感覚を養うチバトレ

## 1：サイドロールで二軸感覚を養う

二軸感覚については第2章七七頁にて少し説明しました。

ここでは特に皆さんが苦手とするサイドロールの動きの説明を通して、二軸感覚についてもう少し考察をしてみたいと思います。

ある動きを行ったとき、からだの中で「サボっている部分が少ない」状態で動ける感覚が二軸感覚です。動作に対して全身で反応している状態。アスリートとして特に訓練を受けていない人はたいてい部分的にからだを動かしています（動いてしまうといっても良いかもしれません）。トップ選手になればなるほど全身をくまなく使っているのです。そしてくまなく使えば使うほど、一つの筋肉が果たす役割（そこにかかる負荷）というのは小さくなってきます。小さくなればなるほど楽にすばやく動けるわけです。

アスリートの中でも二軸感覚を持って動けていない人は大勢見受けられます。二軸感覚がない場合というのは、動作において使えていない部分がたくさんある、と言い換えることもできるでしょう。

この感覚を育てるための練習方法の代表がサイドロール（九六頁〜）になります。

サイドロールでまず、第一の壁になってくるのが起き上がれるかどうかだと思います。感覚が養われていないうちは踏ん張ってしまったり、力んでしまったりすることも多いでしょう。

まずは横になるときに背中から倒れこんでしまわないように、背中を丸めてテンションを背中側にしっかりかけ、それを維持したままで横に動くという練習から始めます。そうすることでドスンと床に倒れこむことなく、全身に張りがある状態のまま柔らかく転がることができるはずです。

そしてそれができるようになったら、からだを縮めて起き上がろうとするのではなく、起き上がりたい方向の軸にテンションをかけて、軸が伸びていく感覚を意識しながら起き上がってみてください。それができるようになると踏ん張ったり、力んだりすることが少なくなくなると思います。

この感覚が新しい動きのルールを身に着けるヒントになるはずです。

## 2：歩くことと二軸感覚

通常のように歩く場合、どちらかの脚で床を蹴って前に進んでいくと思います。しかし蹴ることで前に進むということは、まだ蹴った足に軸が残っていることになります。そうなると重心も前後に二分してかかってくることになります。

一方、二軸感覚を使うことで、重心ごと移動することができます。これは前に丸めるようにしてからだの重みを前面にかけ、その重さを利用して落ちるように倒れこんで進んでいく方法です。この場合は踏み出した足にすべての重心がかかっています。左右の軸を切り替え、重心を移動させることによってさらに前進していくことが可能です。

この場合の利点は床反力に依存しないで前に進めるということです。

同様に「腕立て伏せ」などのトレーニングも二つの方法があり、通常のように床を手で押して床反力を使って起き上がる方法と、二軸感覚によってからだの質量を利用して起き上がる方法があります。

質量を利用して動くとその結果として、今度は張力が発生します。張力を感じて動くと、床反力を二次的に使うことができます。普通の腕立て伏せのように床反力を最初に感じて使ってしまうと、からだ全体の重さやバランスを筋力で支えなくてはならず、疲れてしまいます。しかし、からだの重さを利用して動くことで、筋力をあまり使うことのない、より効率的な動きが可能になるのです。

よく観察してみると、センスのある人は「床反力を利用しない動き方」を取り入れて動いているのがわかるでしょう。

なぜこうした動き方をしている人が少ないのでしょうか？　おそらく、多くの人にとっては力を入れることは得意で、力を入れる練習を積み重ねてきていますが、反対に力を抜く練習をあまりしていないからでしょう。もちろん力を抜くのが難しいとか、緊張すると力が入ってしまうということがあるとは思いますが、そもそも「力を抜く練習」が少なすぎると思います。誤解をしないでいただきたいのですが、力を抜く練習といってもただ脱力するわけではありません。「**力を抜かないとできない動き**」の練習が必要だということです。

いままであまり取り組んだことのないであろう、二軸感覚を養うための「力を抜かないとできない動き」について、サイドロールと骨盤歩きのバリエーションを紹介していきますので、ぜひ挑戦してみてください。

# 1 腕をつけてサイドロール
## 修正エクササイズ①

**[エクササイズの手順]**

❶準備❶（96頁）と同じポジションを取り、左手は前へ習えのように前に出し、手首を軽く折る。

❷手を頭上に上げながら転がる。

❸

❹

❺

❻頭上に上げた手を元に戻しながら起き上がってくる。左側に転がるのが苦手な方は右手を前に出し、同様に❶〜❽を行う。

❼

❽

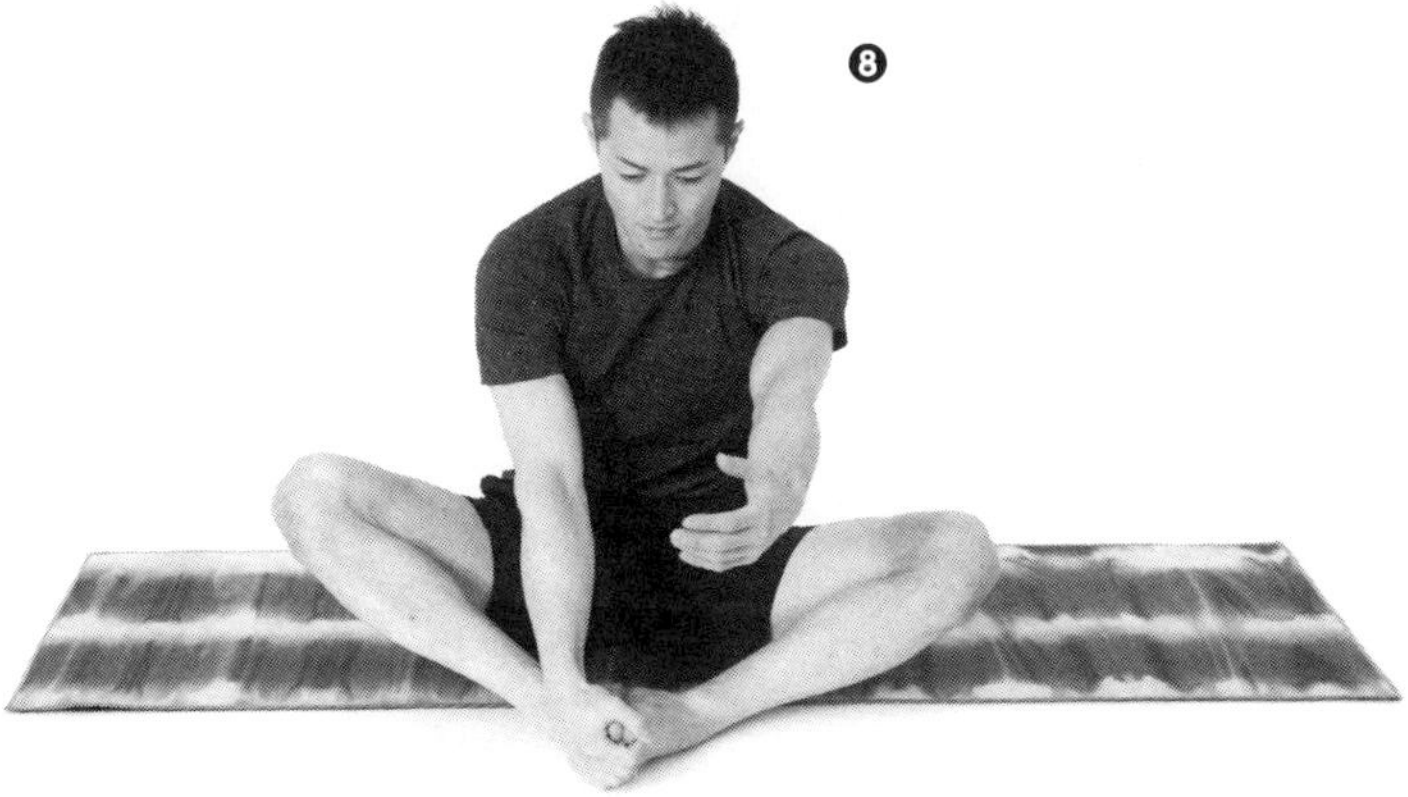

## point

左手を前に出し左サイドの軸の感覚を強めることで、右サイドの軸の運動に集中できるようになっている。腕を上げおろす運動が予備動作として働くので、起き上がりやすくなっている。

苦手な側を修正するのにとてもよい種目。苦手な側を見つけるのに良い方法は目を閉じて左右何回かくり返してみて、起き上がったとき、元いた位置からよりずれるのはどちらのサイドかを確認する。前後左右にものがないところで、安全を確認して行うこと。

# 2 逆手にしてサイドロール
## 修正エクササイズ②

**[エクササイズの手順]**

❶腕をつけてサイドロールの❶と同じポジションを取るが、右手は逆手にして両足をホールドする。

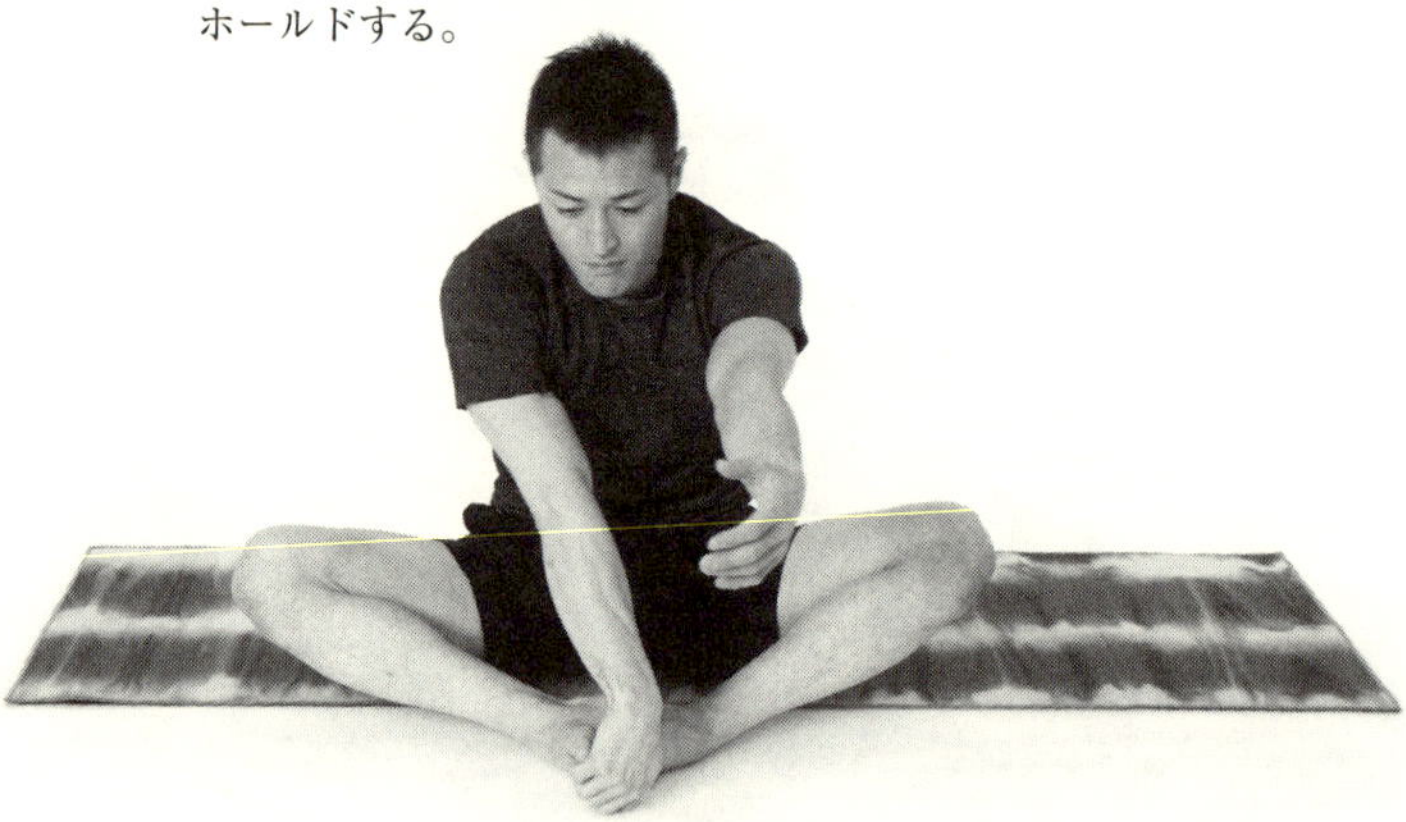

❷手を頭上に上げながら転がる。

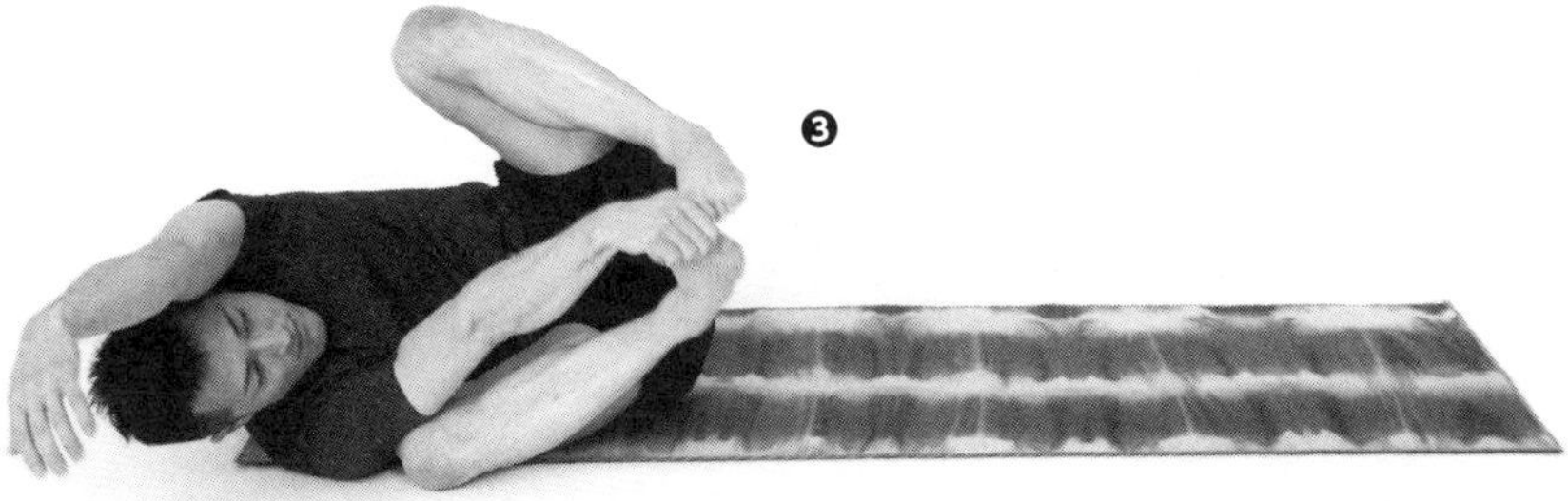

❸

❹

❺頭上に上げた手を元に戻しながら
起き上がってくる。

❻

❼

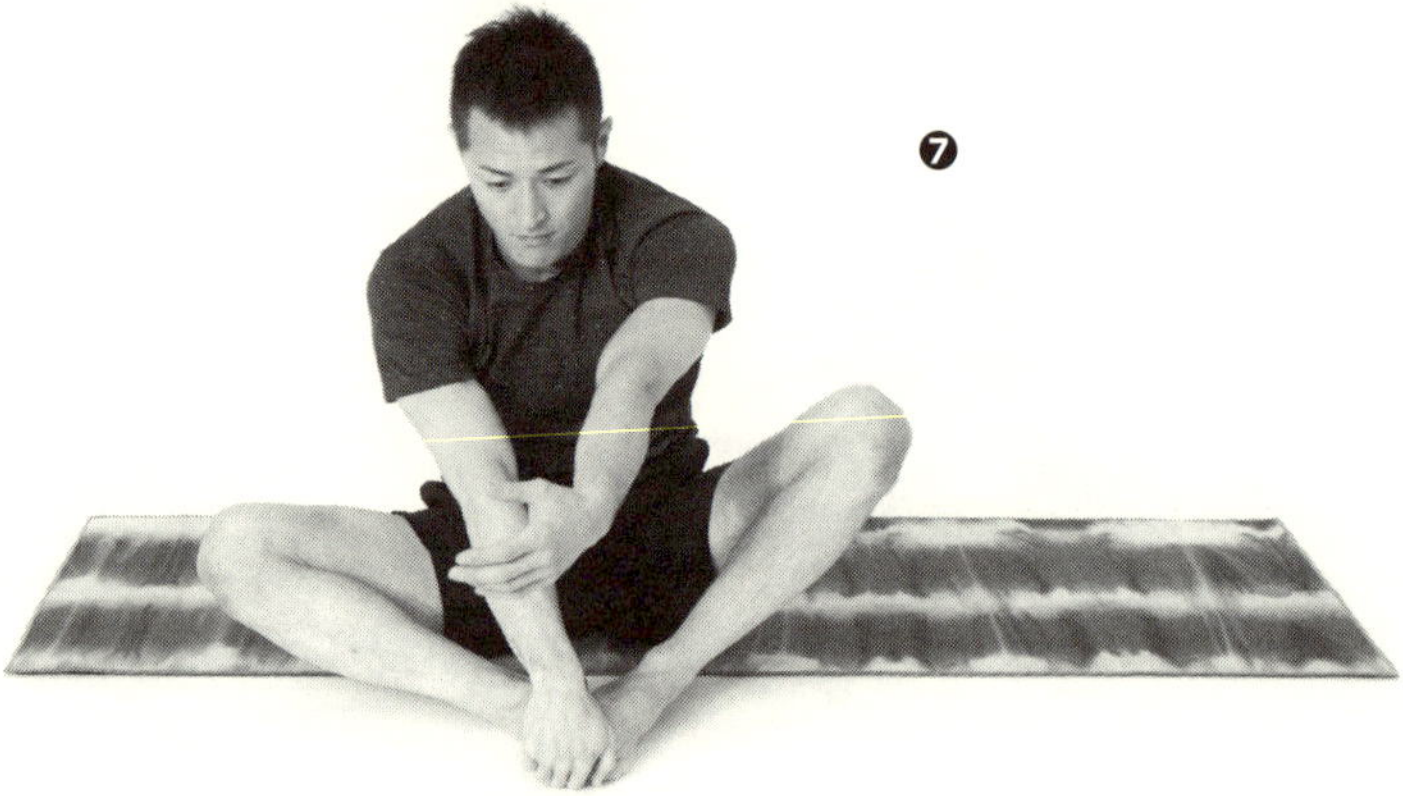

❽手を頭上に上げながら
反対側に転がる。

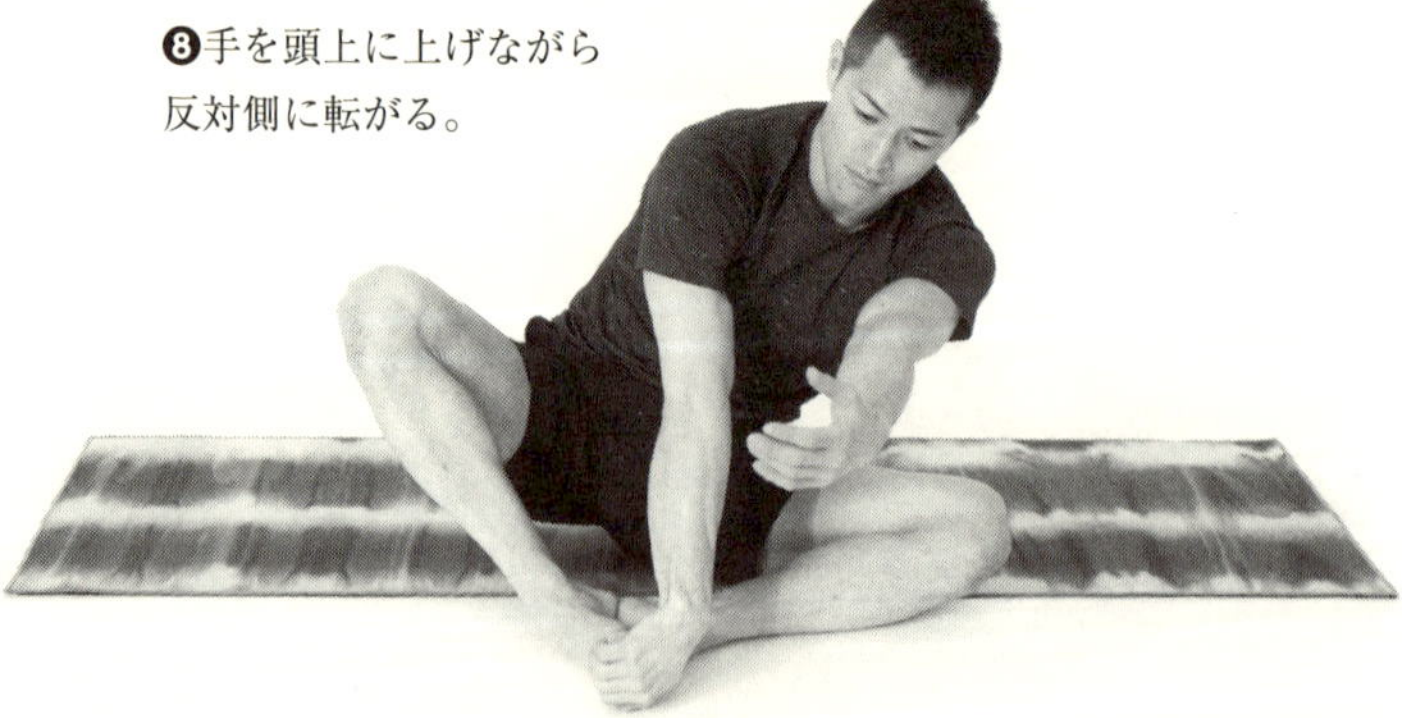

❾

❿

⓫頭上に上げた手を元に戻しながら起き上がってくる。右手を逆手にしても行ってみる。

⓬

⓭

⓮

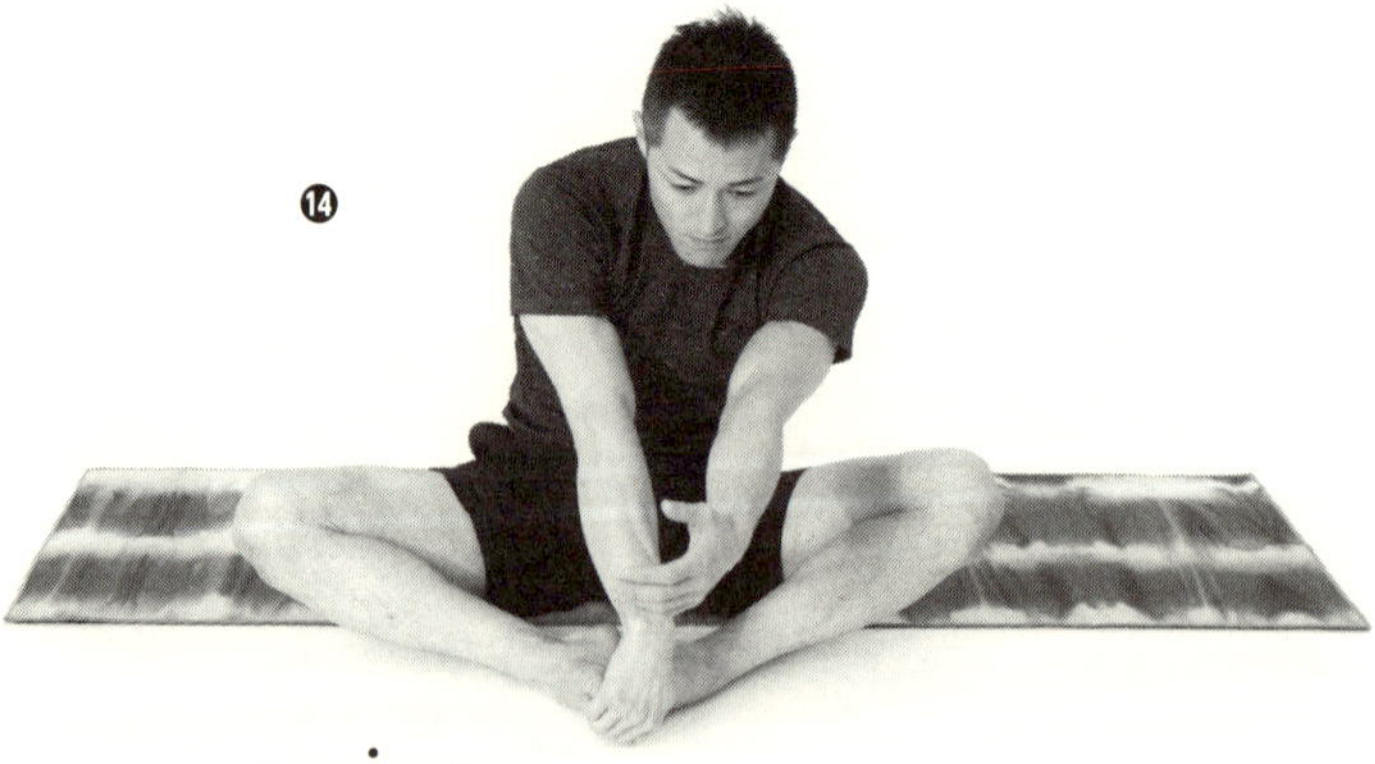

## point

このポジションだと肩甲骨が広がったポジション（外転位）が取りやすい。腕を対角のラインに取ることによって起き上がりやすくなる。

# 3　骨盤歩き2
# 水平に腕を捻る

❶正面

**[エクササイズの手順]**

❶脚を伸ばして坐り、左肘を90度くらいに曲げて、からだに近づけ、外側に捻る（重心側）。同時に右腕を内側に捻りながら伸ばし、一歩前に進む。

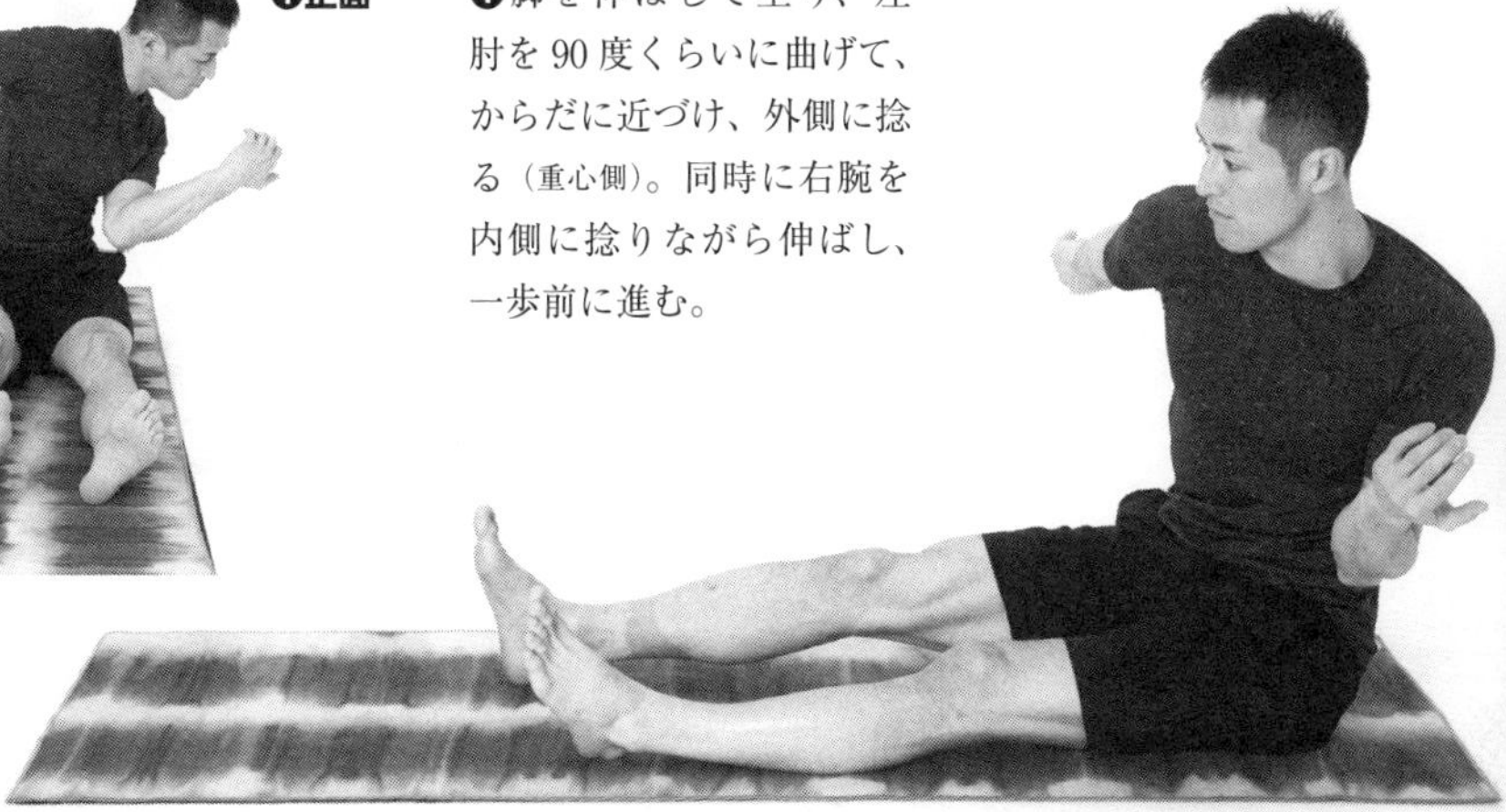

❷正面

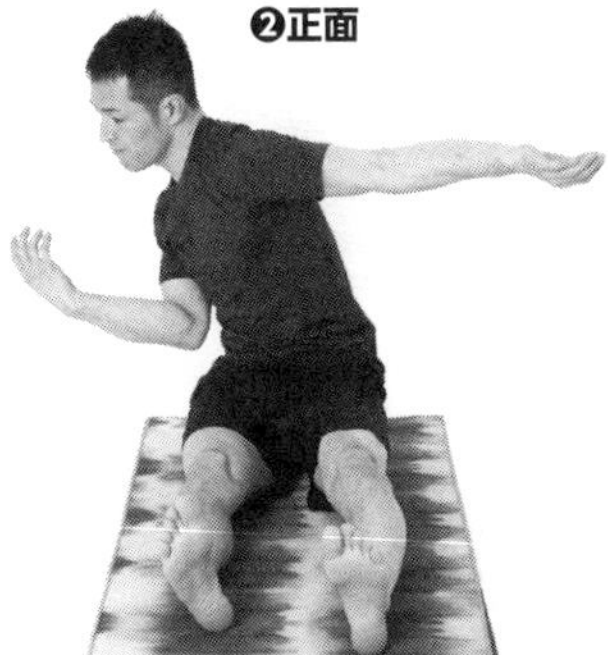

❷内側に捻って伸ばしていた右腕の肘を折り曲げて、からだに近づけながら外側に捻る（重心側）。同時に左腕を内側に捻りながら伸ばし、一歩進む。

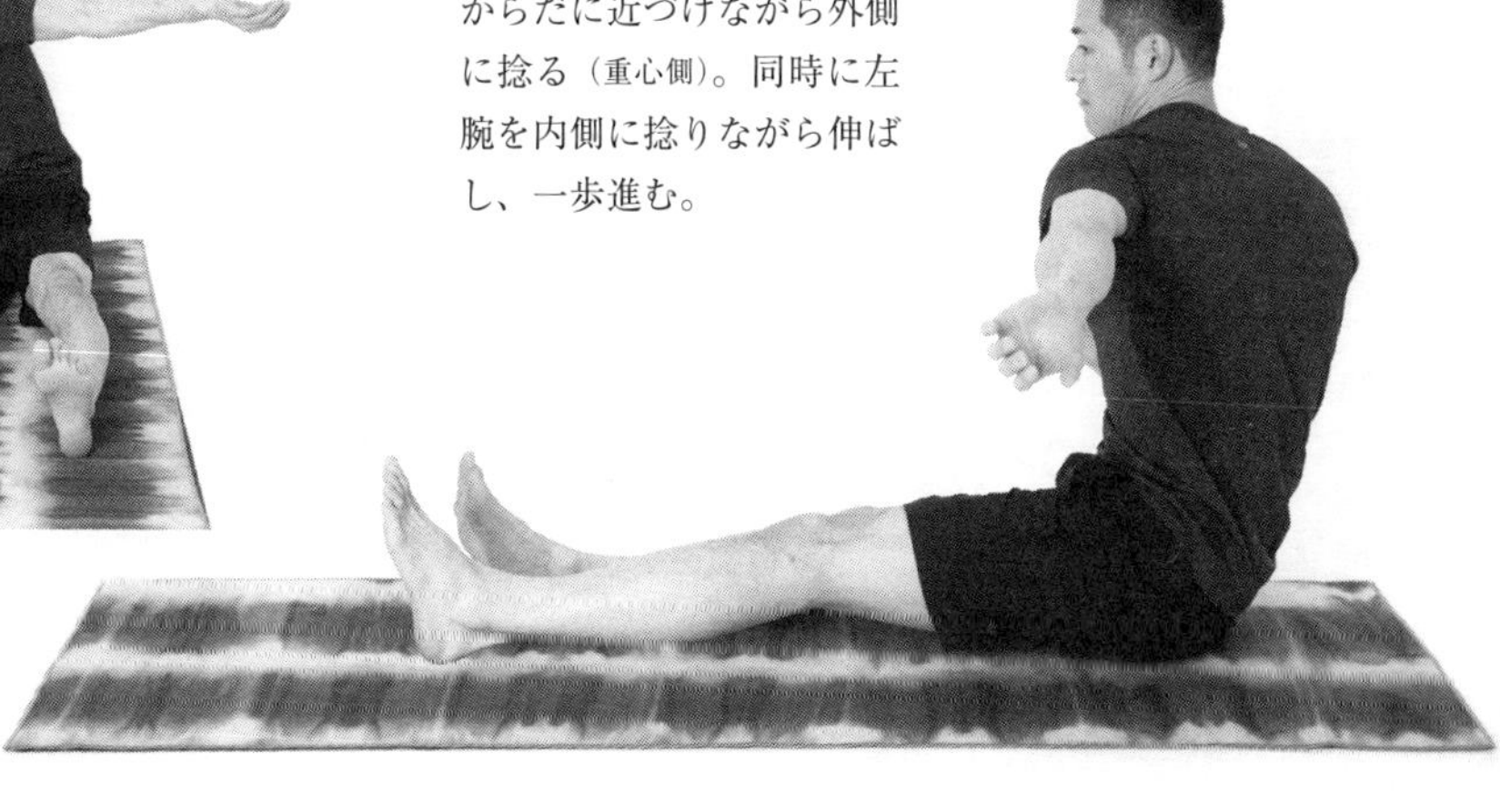

❸感覚がつかめたら軸を入れ替えてさらに前進する。マットの端まできたら、同様に腕を捻りながらバックして元の位置に戻る。

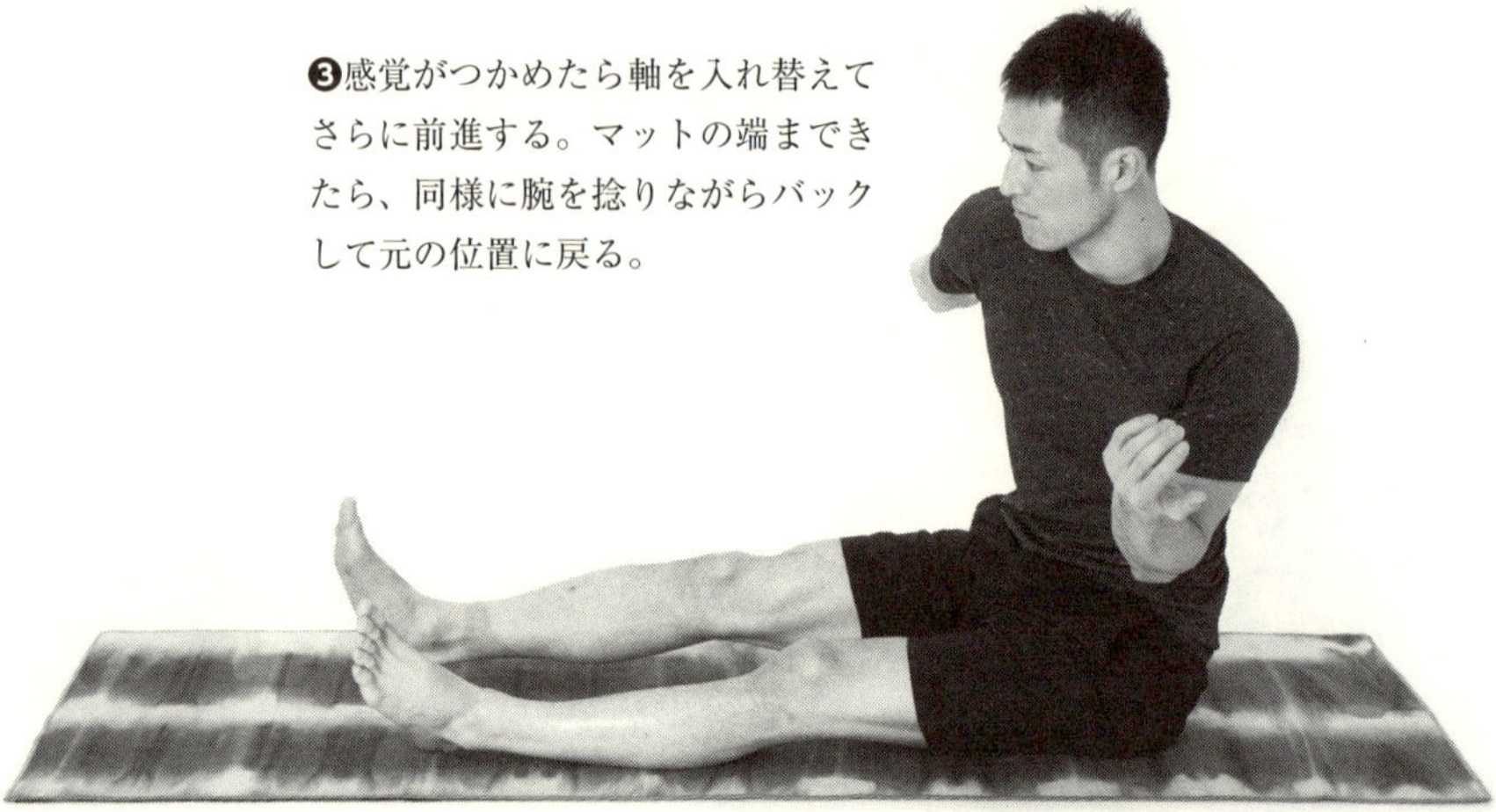

❹

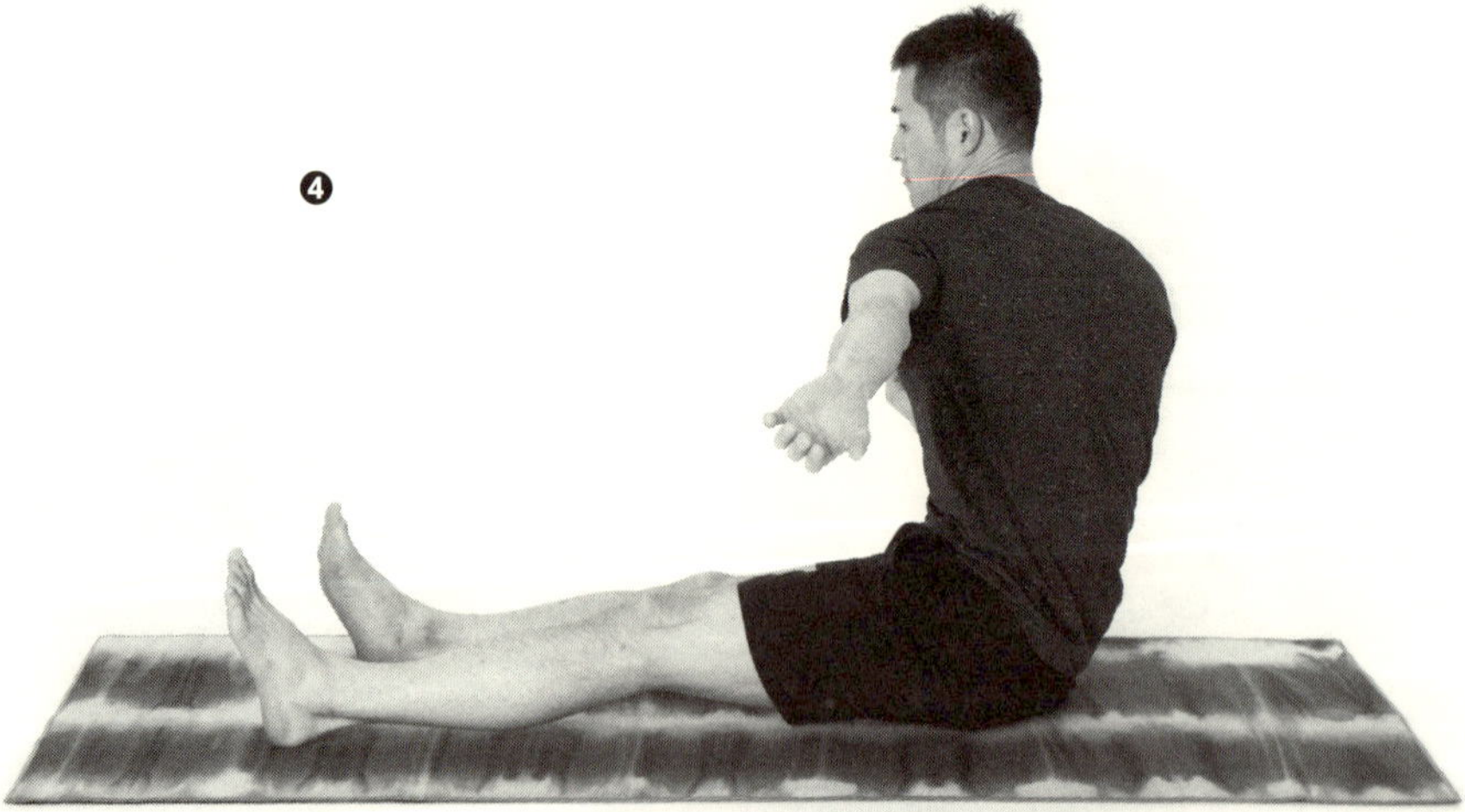

❺

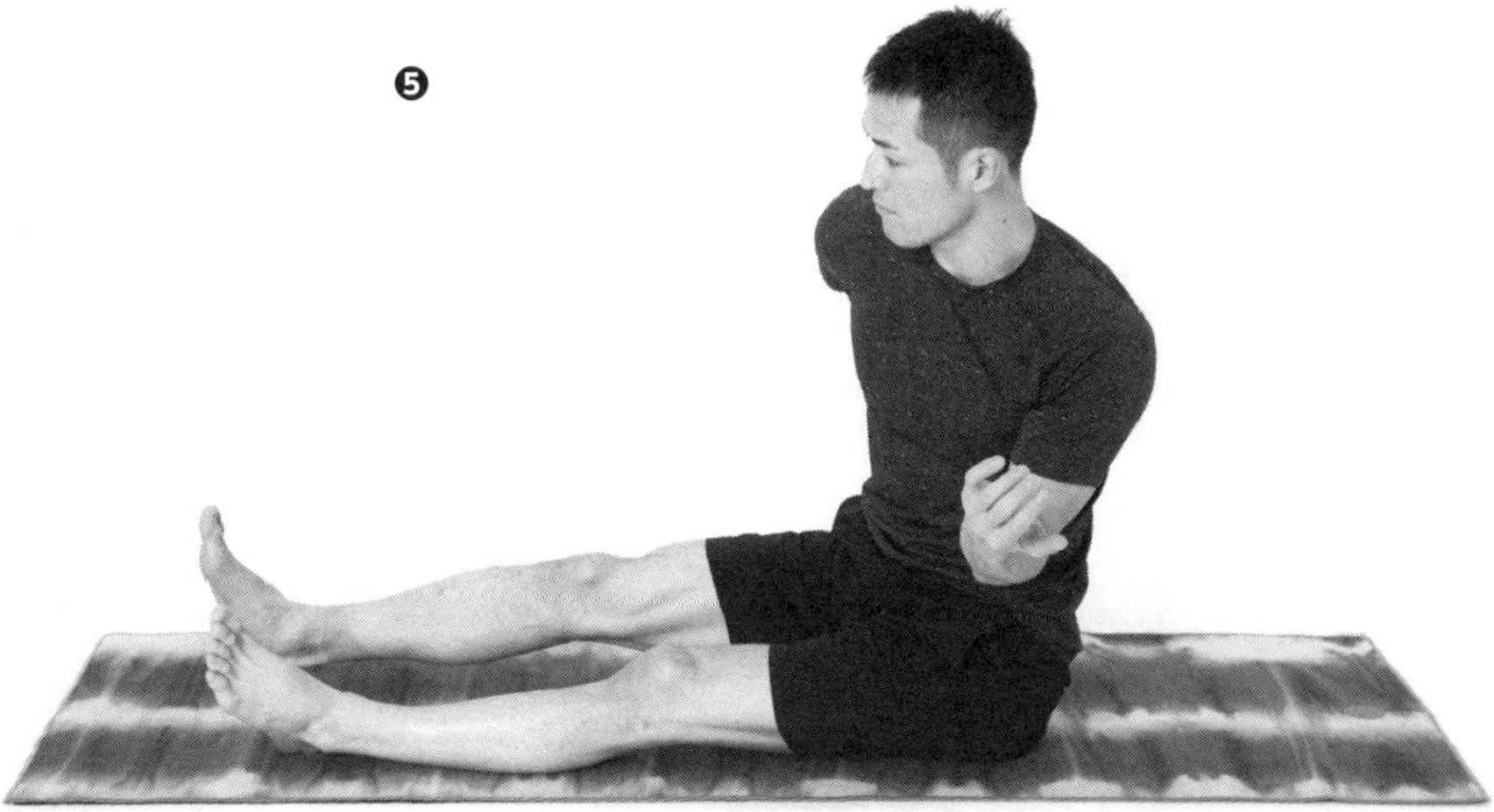

## point

腕を前後に振るよりも肩甲骨と骨盤の動きがダイナミックに感じられる。

# 4 骨盤歩き 3 Y字に腕を捻る

CHUBATORE

**[エクササイズの手順]**

❶脚を伸ばして坐り、頭の斜め上に腕を伸ばす。そこから左肘を 90 度くらいに曲げて、からだに近づけ、外側に捻る（重心側）。同時に右腕を内側に捻りながら伸ばし、一歩前に進む。

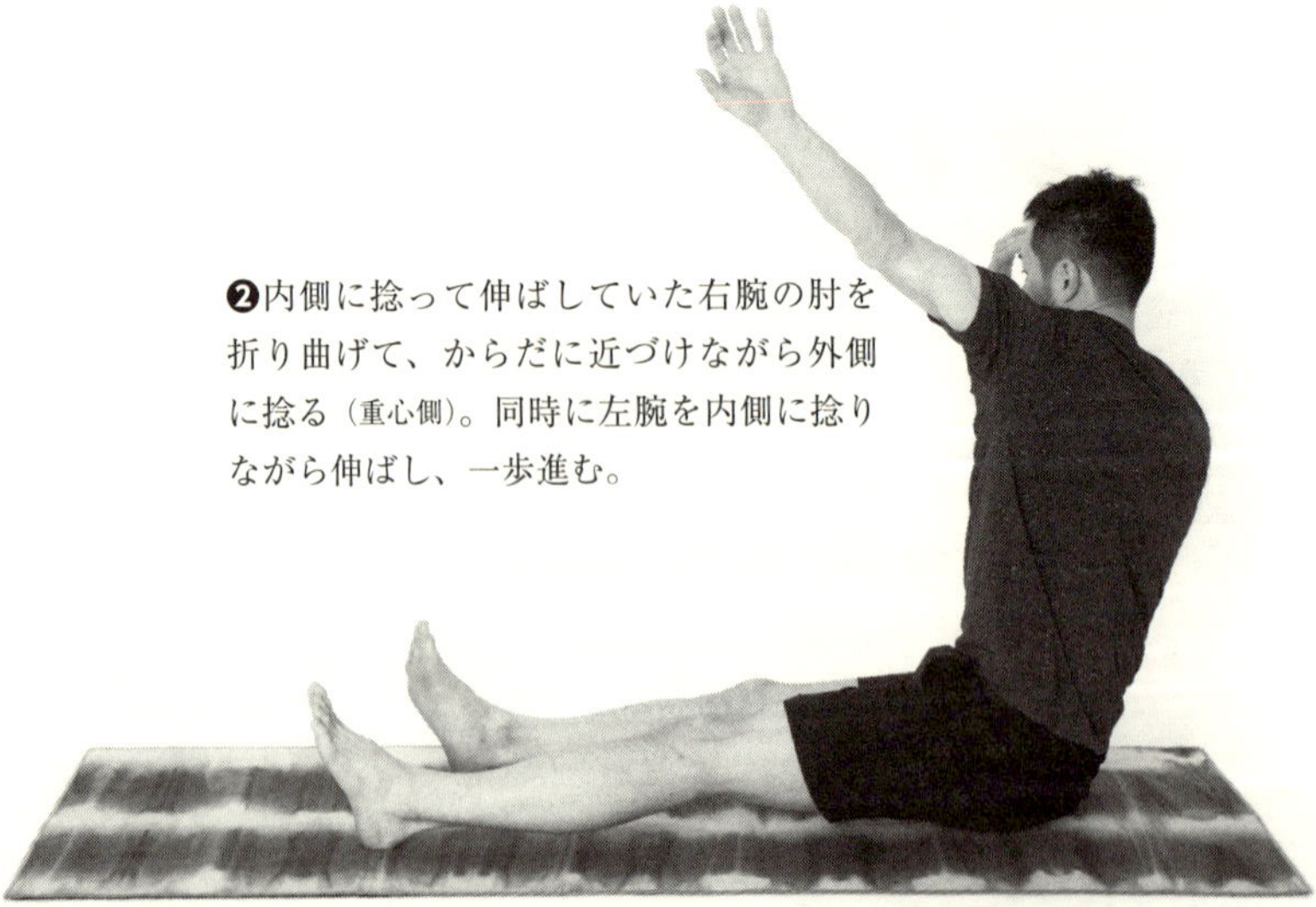

❷内側に捻って伸ばしていた右腕の肘を折り曲げて、からだに近づけながら外側に捻る（重心側）。同時に左腕を内側に捻りながら伸ばし、一歩進む。

**❶正面から**
左軸に完全に乗った
ポジション。

**❷正面から**
右軸に完全に乗った
ポジション。

❸感覚がつかめたら軸を入れ替えてさらに前進する。マットの端まできたら、同様に腕を捻りながらバックして元の位置に戻る。

❹

# point

骨盤歩きについては紹介した以外にもいろいろなバリエーションが考えられる。その人の好きな動きの癖が非常に出やすい種目。やりにくい側がなぜできないのかを考えて、やりやすい側との差がどこにあるのかを探求していくと、人のからだの多様な動きの可能性を実感できる。

骨盤歩きの主眼である、脊柱を捻らないで体幹をコントロールするということはとても高度な運動能力である。人間はついつい背骨を捻りすぎてしまう傾向がある。そうしてしまうことで実は力が伝わりにくくなっている。また背骨を捻って使えば使うほどからだの左右差が出やすくなり、故障の原因にもつながる。

❺

# 第5章
# 陸上動作への応用チバトレ

# 1 トカゲポジション

CHIBATORE

**［エクササイズの手順］**

❶跳び箱（120頁）の❶のポジションよりさらに遠い位置に、手の付け根から接地する。

❷右足で押し出して、前足（＝手）に重心を移動させながら、左手横に左脚を引きつけてくる。

❸接地したら、左脚に加重して左方向を向く。
逆脚でも行う。

## point

後ろ足で押している感覚が重要。クライマー必須の動きを養う種目。足裏のＭＰ関節を柔らかく使って荷重していく。左右の脚を入れ替えながら前に進むトカゲ歩きにこのまま移行しても良い。

肩甲骨が内転しないようにしっかりと外にスライドさせた状態を保つ。一見猫背に見えるかもしれないが、そうではなく、肩甲骨でしっかり床を押しているから反れない状態になっている。相撲のてっぽうなどの背中の使い方と一緒。

# 2 正坐から片膝立ち

[エクササイズの手順]

❶正坐をして、背中全体をめいっぱい丸めながら腕を後ろに振り上げる。

❷振り上げた手を降ろし、前上方に振り上げる動きに合わせて、左足を一歩踏み出して右股関節を伸ばす。逆足でも行う。手の甲は脱力している。

## point

腕のスイングをするときに、胸椎のねじれ（回旋）が入りやすい。正対で上がるように気をつける。左右の軸でいうと、しっかり右の軸を効かせるために、右足の甲で床を押している。

チバトレ共通のポイントとして、「左右別人」であるということが重要。右半身で意識していることと左半身で意識していることが違う状態で左右の半身がきれいに協調してくると、動きから切り離されて背骨の中心が残る。

対して、アンバランス（左右で分かれてない）なからだの使い方をして、対角で動きを連動させようとした瞬間にからだにねじれが出る。そのあたりにも気をつけて取り組んでいただきたい種目。

# 3 正坐ジャンプ

**[エクササイズの手順]**

❶正坐から片膝立ち（180頁）の❶と同じ。

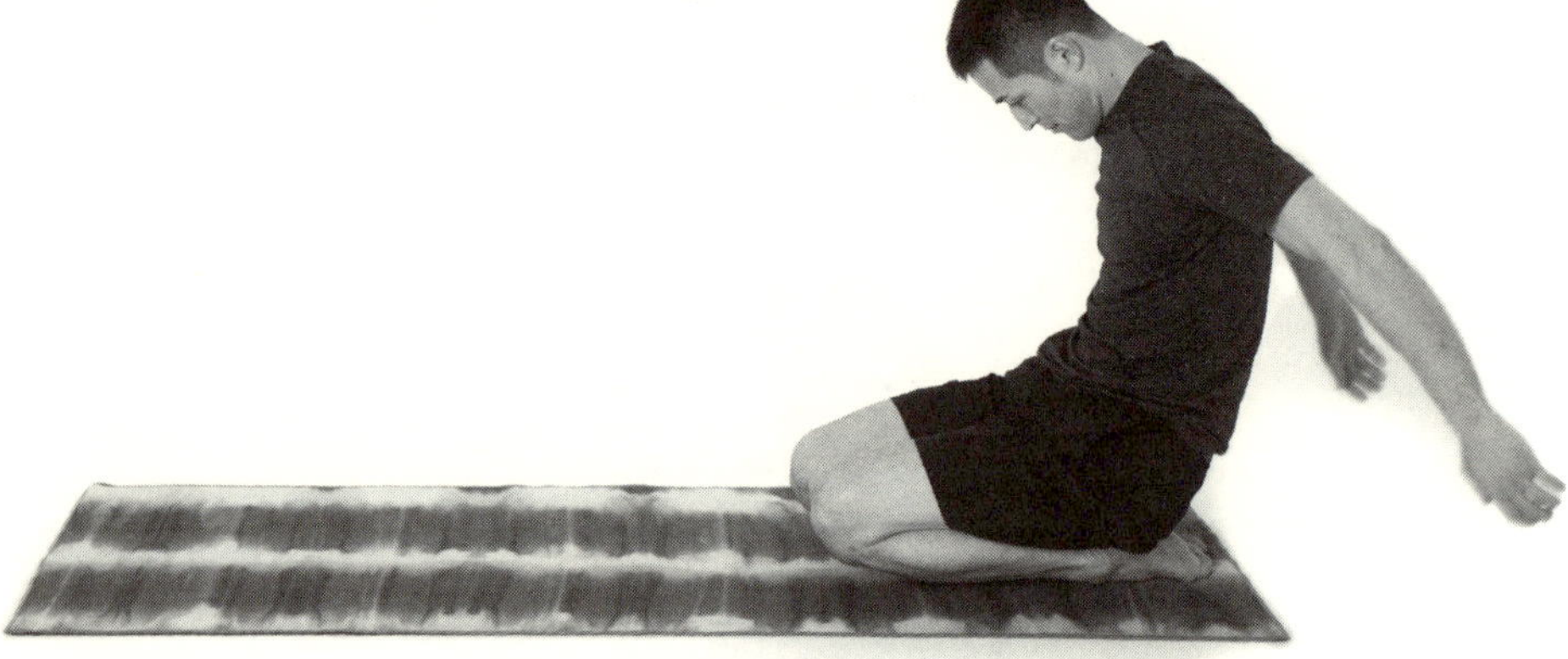

❷腕を前上方に振り上げると同時に、骨盤を浮かせて引きつける。足で床を蹴りださないようにする。

❸背中のCカーブを保つことで骨盤がより引きつけられる。

❹骨盤が高い位置で着地する。

## point

肩甲骨を後ろに引きつつ、このとき背中を丸めて胸椎にタメを作っている。胸椎を思い切り屈曲させることで、胸椎の後ろ側にストレッチをかける。そのバネを一気に開放すると、前方へ反ることができる。

クライミングで言うと、キャンパシングの動きに使われるのがこのバネ。体操選手などはこのバネが発達している。跳び箱と一緒で、足をお腹に引きつけないと、お尻を高い位置にキープして着地できない。

# 4 腰割り

CHIBATORE

**［エクササイズの手順］**

❶脚を大きく開いて接地。つま先は外側に向ける。両膝に手をつく。このとき背中と腰が反らないように。

❷右手で右膝をしっかり押し込んで肩を入れる。左の肘を引きながら左後ろに振り返る。脚の角度、腰の高さが変わらないように保つ。また背中と腰は反らない。反対側も行う。

❸正面に戻って、両肘と両膝を合わせる。このときも脚の角度、腰の高さが変わらないように保つ。

❹肘と膝は接触させたまま、右脚に乗り込んで屈伸。

❺同様にして、左足に乗り込んで屈伸。

## point

肩甲骨を外にきっちり広げて（外転位）いることが重要。

骨盤のポジションを確かめるために、❶のスタートポジションで、股を締めてみて欲しい。
骨盤が前傾した状態で股を締めた人は小指の外側が浮くはず。正しい骨盤の角度をキープできている人は、股を締めても小指の外側が浮かない。

左肩を入れるとしたら、右のお腹の奥でからだをコントロールする感覚が欲しい。その感覚があるとより肩を入れていくことができる。

両肩を入れてみると、苦手な側があるはずなので、より重点的に行う。肩を入れることで同側の股関節の外旋がしやすくなるストレッチ。からだのゆがみを取る種目。

CHIBATORE

# 5 ヒップヒンジ&アームリーチ

[エクササイズの手順]

❶肩幅に足を開き、股関節に手をあてる。

❷膝をゆるめ、手を前に出しながら
股関節から屈曲させる。

❸さらに手を前に出して、股関節の
屈曲を最大化させる。

## point

腰は反らないように注意する。手を前に出しながら股関節のヒンジ運動をする種目。

ラグビーのスクラムなどはこの角度で行うのがベスト。感覚をつかむために、最初は壁に両手をついて行っても良い。壁を押すというより、股関節を曲げることによって壁に圧がかかるという感覚を身につける。

CHIRATORE

# 6 ヒップエクステンション

**[エクササイズの手順]**

❶肩幅に脚を開いて立ち、左脚を一歩踏み出す。腰や背中を反らないようにして、両手を後ろに振りかぶる。

❷振りかぶった手を前に振り出しながら、左足のつま先を支点に、右脚を大きく踏み出す。股関節が伸展し、からだの前面がしっかり伸びる。

## point

ヒップヒンジが股関節の屈曲にフォーカスしていたのと逆に、股関節の伸展に焦点をあてた動きのコーディネーション種目。腰が反り過ぎないように気をつける。二軸感覚を持って取り組むことで、背骨にねじれが生まれない。

CHIBATORE

# 7 サイドランジローテーション

[エクササイズの手順]

❶大きく脚を開いて立つ。つま先は正面を向ける。右肘をまげて軽く振りかぶる。

❷手を入れ替えながら、右脚に加重を移す。

❸左肘が右膝につく位置まで加重する。腰は反らないように。左足のつま先が浮かないように注意する。逆側でも行う。

## point

左脚の押しの感覚が大切。ヒップヒンジと同じ股関節屈曲の種目。写真ではローテーションが入っているが、ローテーションせず、ヒップヒンジと同じように手を前に出してもよい（サイドランジアームリーチ）。その感覚をつかんでから、ローテーションをいれるとこの動作がよりわかりやすくなる。

左膝の向きがしっかりと正面を向いた状態になっているところに注目して欲しい。当然、右の膝も外に開かないようにする。

左右の二軸がそれぞれの機能を果たす感覚を身につける種目。

# 8 クロスランジローテーション

CHIBATORE

**[エクササイズの手順]**

❶肩幅より少し広めに脚を開いて立つ。右肘をまげて軽く振りかぶる。

❷手を入れ替えながら、左脚を右脚の後ろに引いてクロスする。左肘と右膝も重なる。逆側も行う。

## point

上部の回旋と下部の回旋が同じ割合になるようにする。骨盤からコントロールをして、背中が使えているとこの形に収まる。

# 9 振り下ろし

**[エクササイズの手順]**

❶肩幅より少し広めに脚を開いて立つ。
右腕を 90 度に曲げて振りかぶる。

❷振り上げた右腕を左足の方向に
振り下ろす。

❸左脚に加重しながら、振り切る。
逆側も行う。

## point

写真の例では同側軸で動いているが、対角軸で行ってもよい。背骨の回旋に伴う腕の動きに合わせて、からだ全体を大きく動かしていく種目。

# 10 アウトサイドステップローテーション

**［エクササイズの手順］**

❶肩幅に脚を開いて立ち、左脚を内側に捻りながら、右脚に加重して、からだを右側に捻る。腕もその捻りに準じて構える。

## point

軸足の内外旋の動きが入っている、軸の入れ替え種目。サッカーなど、多様な方向転換を要求される競技のプレーヤーにぜひ身につけてもらいたい。

ここまで紹介したランジ系の種目については、前・横・クロス・ななめ後ろなど、脚を動かす方向にはさまざまな組み合わせが考えられるので、紹介した例にとらわれずに自分の競技特性にあった動きを身につけて欲しい。

❷右脚を斜め後ろ側に引きながら、手を入れ替える。右肘と右膝が近づくポジションになる。右足のつま先は動かさない。逆側も行う。

# 11 ダイナミック3D ストレッチ

CHIBATORE

**[エクササイズの手順]**

❶肩幅より少し広めに脚を開いて立ち、手のひらが内側を向くようにして、右肘を腰につける。左脚にやや加重している。

❷左脚を押し出すと同時に腕を捻って伸ばす。視線は左足の指先を向く。

❸肩幅より少し広めに脚を開いて立ち、膝を曲げて左脚に加重する。背中は丸めて左腕を 90 度に曲げて外側に捻り、右腕は内側に捻る。

❹左脚を押し出すと同時に右脚に重心を移しながら、右腕は外側に捻り、左腕は内側に捻ってめいっぱい伸ばす。

❺肩幅より少し広めに脚を開いて立ち、膝を曲げて、右の股関節を引きながら右脚に加重し、左足のつま先は浮かせる。腕は90度ほどに曲げて、からだの傾きに沿わせる。

❻右脚を押し出すと同時に左足に重心を移しながら、左手をめいっぱい伸ばす。右手は右脚の方向に伸ばす。同様にして逆側で❶～❻を行う。

## point

ここで紹介したのはあくまで一例で、こちらも組み合わせ次第でさまざまなバリエーションが考えられる。クライミングの動きに直結する種目。大切なのはカウンターバランスで、伸ばす手と押す脚でバランスが取れている。

第6章

# マットなしで、いつでもどこでもチバトレ

## 1：椅子に坐ってチバトレ

からだを自然に使うということは案外と難しいものです。私自身もそうですし、皆さんも気づかないうちに不自然なからだの使い方をしてしまっています。端的に言って長時間坐って同じ姿勢で作業をしていてからだの調子が崩れない人はいません。からだの調子が整っておらず、しかもその状態が慢性化しているということに気づくことが大切です。

ここで紹介するエクササイズメニューはアスリートにとっても役に立つものではありますが、長時間デスクワークを行っている方や、週末に趣味で運動をしている方、健康維持のためにほんの少しからだを動かしたいという方におすすめです。マットも必要ないので、仕事や家事の合間の隙間時間を見つけて行うことができます。

動き自体はまったく難しくなくシンプルなものなのですが、継続してからだを動かしていくことで慢性的な腰の痛みが取れたり、膝の痛みが取れたり、足首の安定性があがったり、走りやすくなる。あるいは、腕があがりやすくなったり、肩が回りやすくなったり、振り返りやすくなったり、首の緊張が取れたり、場合によっては呼吸が深くなったり、便通が改善される。さらに、女性の場合はむくみが取れて美脚になる、生理痛が軽減する、などさまざまな効果も期待できるエクササイズになっていますので、気軽に試していただければと思います。

椅子に坐ってチバトレの狙いを簡単に説明しておきます。

こちらは肩、肩甲骨、肋骨の動きを良くするエクササイズになっています。上半身にトラブルを感じている方、呼吸を深くしたい方、上半身のこわばりを取りたい方におすすめです。

エクササイズとしては背中に張力をかけておいて行うものを多くセレクトしています。二一四頁の写真を見て欲しいのですが、このように背中のきれいな湾曲を作ることは最初は難しいかもしれません。まったくこの姿勢が取れないという方はおそらく腰痛持ちの可能性があります。もしくは実際に腰痛でなかったとしてもそのリスクが極めて高いと思われます。この姿勢を取ったとき、皆さんの腰背部はどのくらい綺麗な湾曲を描いていますか。多くの方がそのどこかに角ができてしまうでしょう。人間のからだは何もしないでいると日々歪んでいきます。そして大腰筋がうまく伸びない側に角ができてしまいます。反対に大腰筋が伸びる側に丸みがでます。ここで紹介しているさまざまなエクササイズは肩甲骨の動きと体側の動きを利用することによって、硬くなっている側の腰のハリをほぐすことができます。

チバトレでは骨盤と肩甲骨の動きというものを非常に重要視しています。椅子に坐ってのチバトレでは肩甲骨を含めた上半身のセルフチェック&改善エクササイズを行うことができます。エクササイズを行ってからだをほぐしていくとさらにエクササイズが行いやすくなりますし、同様にほぐしの効果も上がっていくと思います。

応用的に、スポーツ指導者の場合はこれら椅子に坐ったままで行うエクササイズと立位で行うエクササイズを選手に行ってもらうことで、その選手の基礎力を把握することもできると思います。定期的に行うことでチェックと改善を同時に行うことができ、怪我や故障の予防にもなるでしょう。

人間の背面というのは立位の姿勢においては緊張を強いられています。その緊張を緩和させるために、このエクササイズではしっかりと骨盤と仙骨を後ろに傾けて（骨盤後傾ポジション）、骨盤の緊張をゆるめます。その状態を作ると背骨と肩甲骨が動かしやすくなります。

対して骨盤を立てることによって股関節は動かしやすくなります。しかし骨盤＝腰を立ててしまうと、腰は「立てる」という役割を果たしているので、「丸める」あるいは「捻る」という動きができなくなってしまいます。

椅子に坐って骨盤を後ろに倒してあげると腰の筋肉が動かせるようになります。すると腰から背骨を動かすことができるようになり、からだの深層部にある大腰筋が動かしやすくなるのです。その状態で動作を行うことで大腰筋と協調させて肩甲骨や胸椎を動かすことができるようになります。

注意点として、腰や股関節などどこかに痛みを感じる人は痛みを感じないでできるものだけを試してみてください。一通りエクササイズを行ってみて、痛みを感じる動きに少しチャレンジしてみてください。そのときもしかすると痛みを感じずに行える場合があるかもしれません（医師から禁止されている場合を除く）。

## 2：立位でのチバトレ

たとえばジョギングが趣味の方、フットサルを行っている方などは特に立位のエクササイズに取り組んでいただくことをおすすめします。

立位のエクササイズは骨盤と股関節を中心に動きを改善するもので、アスリートのような綺麗な脚を作りたい方にもおすすめです。野口啓代選手も脚がすごく綺麗です。アスリートは身体パフォーマンスのレベルが高いだけではなく、競技特性に応じたからだのシルエットがとても美しいと思います。これらのエクササイズでボディメイクアップも目指すことができます。

これらのエクササイズにおいてはハムストリングスや腰などの部位のストレッチを行っているのではなく、からだ全体が動きやすくするための土台を作るものになっています。脚が地面に垂直に立っているという感覚を大事にして、左右の足にかかる体重の割合を意識しながら、行ってみてください。

立位の場合、つま先を向けられる方向には正面と内側と外側があります。肩の動きも正面と内捻りと外捻りがあります。ということは3×3のマトリックスを組み合わせた分の動きを表現することが可能になります。さらに細かく言えば足の幅も狭い、ノーマル、ワイドがあります。それらも含めると、さらに動きのバリエーションは深まります。

こうした組み合わせで動きを考えることで、たとえば大まかに「前屈」と呼ぶ動きであってもその可能性は大きくなっていきます。こうした組み合わせを試していくことで、絡まってしまったからだというコードがどんどんほぐれていきます。その流れに沿ってからだをほぐしていけば動きやすさは必ず獲得できます。

ここに掲載したエクササイズのすべてをやったほうが良いということではなく、やってみて良いな、楽になったなと感じられるものに取り組んでいただければと思います。

ポイントはたとえば、足先を外側に向けて腕を内側や外側に捻るとき、足の位置が動いてしまったり、骨盤の傾きが極端に変わらないように動くということです。

左右差があって当然です。左右対称に動ける必要はありません。それよりも左右の違いを感じることが大事です。

もう少し伸ばしたいなと感じるものに対しては、少しだけ長く取り組んでみても良いでしょう。エクササイズの中には動きやすいと感じるセットと何だか動きにくいな、やりにくいなと感じるセットがあるはずです。そのときに同じ秒数・回数行うのではなく、やりにくい方を少し密に行ってみてください。やりにくい方とやりやすい方の差というのは放置しておくとドンドン広がっていってしまいます。ですので、気づいたそのときにその差を小さくしていく必要があるのです。

人は真っ直ぐ動こうとしていても、実は真っ直ぐ動けてはいません。自ら動きやすい方向に動いてしまっています。ということは伸びやすい所はさらに伸びやすくなるし、伸びていない所(伸びにくい所)

はそのままになったままですので、手をかけないでおくとやはり差が広がっていきます。そう考えると、意識をせずにストレッチを行うことで、やればやるほどからだのバランスが崩れていくケースがあるということをイメージしていただけると思います。

組み合わせによって動くことで、極端にやりにくいセットがあるということに気づけます。そしてそのやりにくさに向き合うことでからだ全体の動きの中での苦手が改善されていくのです。

# 1／坐位での3Dストレッチ

**[エクササイズの手順]**

❶両脚を肩幅に開き、両手を真横に開いた状態で、左側の軸に乗り込む。背骨は少し左側に傾く。両足裏は床から離さない。（こちら側にはきれいに乗り込めている）

❷両脚を肩幅に開き、両手を真横に開いた状態で、右側の軸に乗り込む。背骨は少し右側に傾く。両足裏は床から離さない。（こちら側へはあまりきれいに乗り込めていない）

❸椅子に坐り、脚を閉じて、腿を抱きかかえるようにして手を組み肘に触れる。足のポジションが変わらないように注意する。

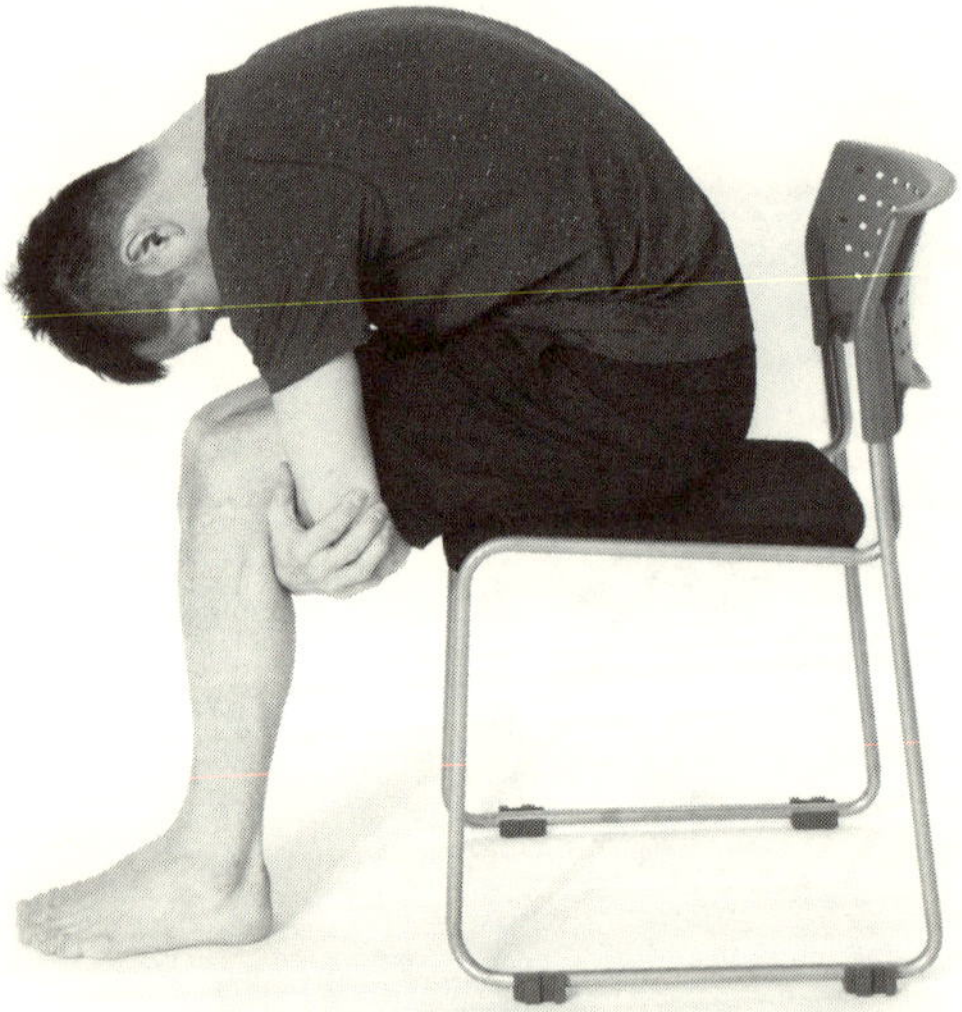

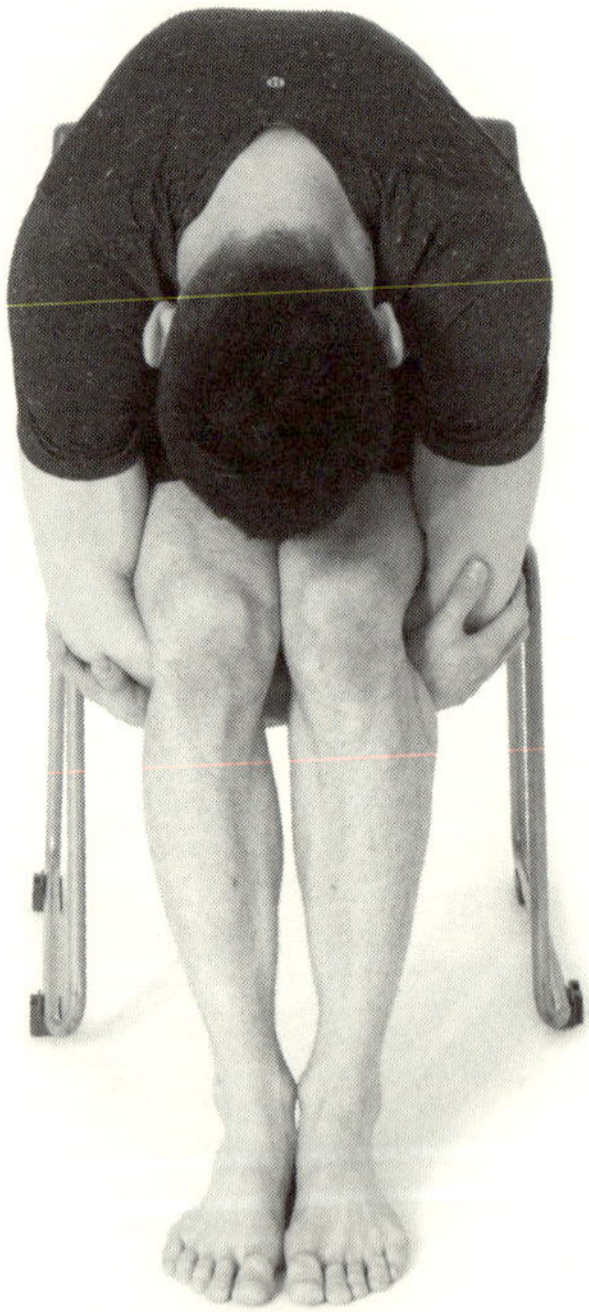

❹背中を丸めたまま、右側に背骨を傾ける（側屈）。頭は左側にくる。

❺背中を丸めたまま、
左側に背骨を傾ける
（側屈）。頭は右側にくる。

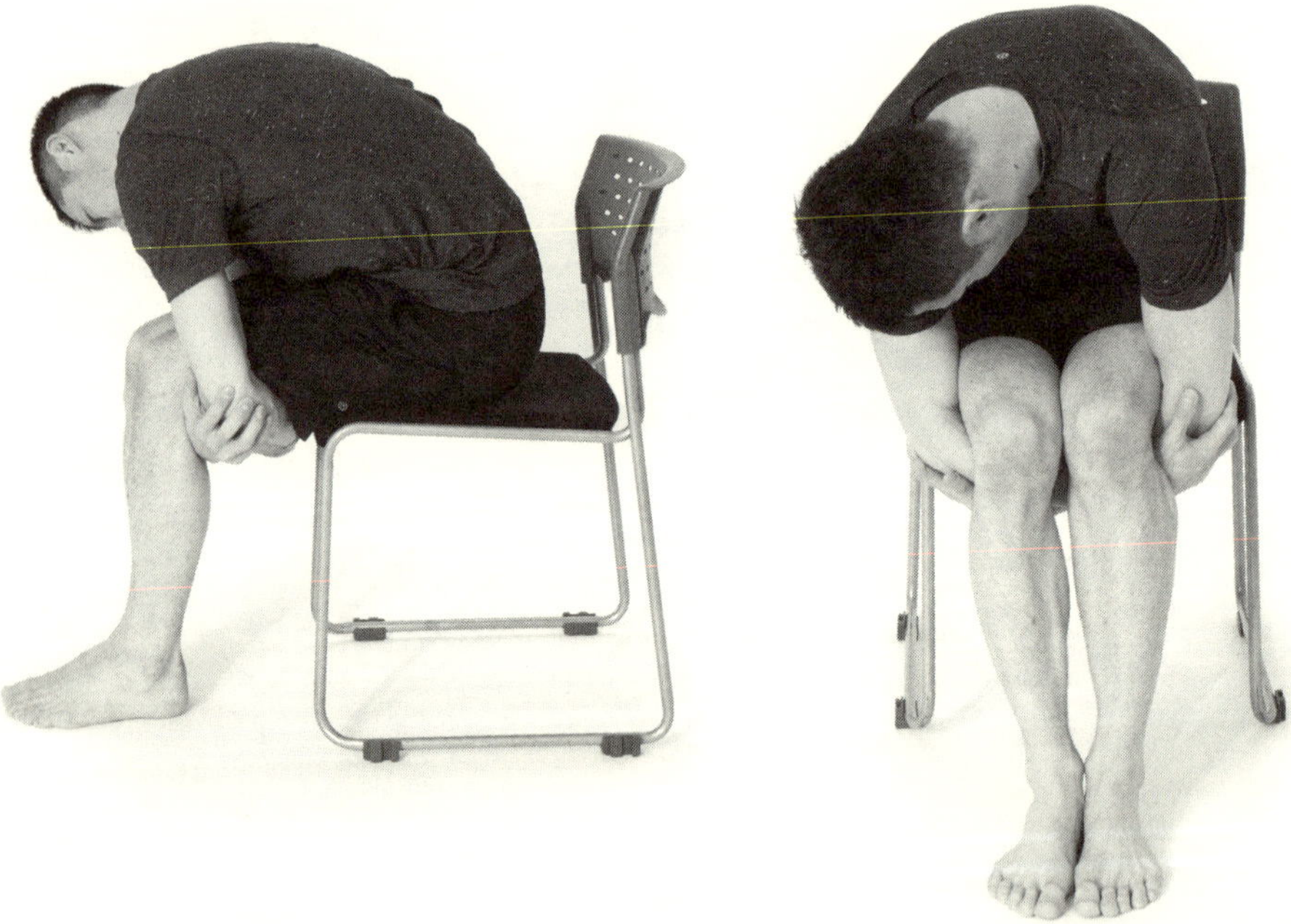

❻肩甲骨を抱えて
左右に背骨を傾け
る（側屈）。

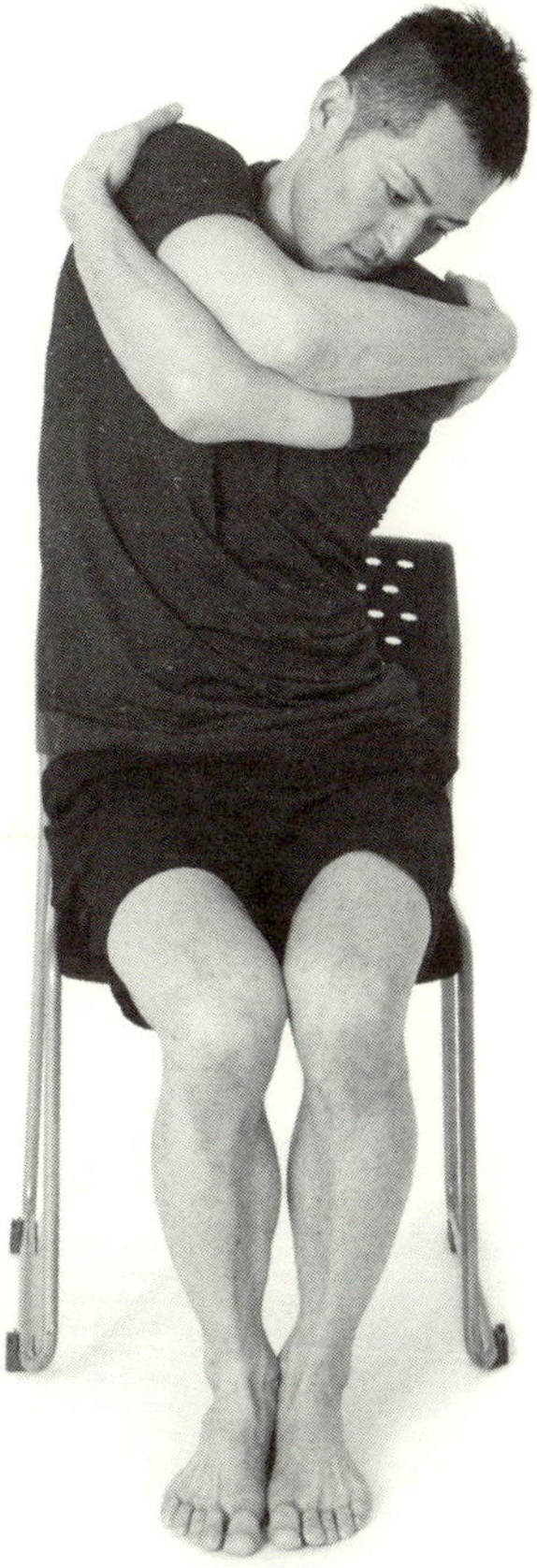

❼❻の反対。

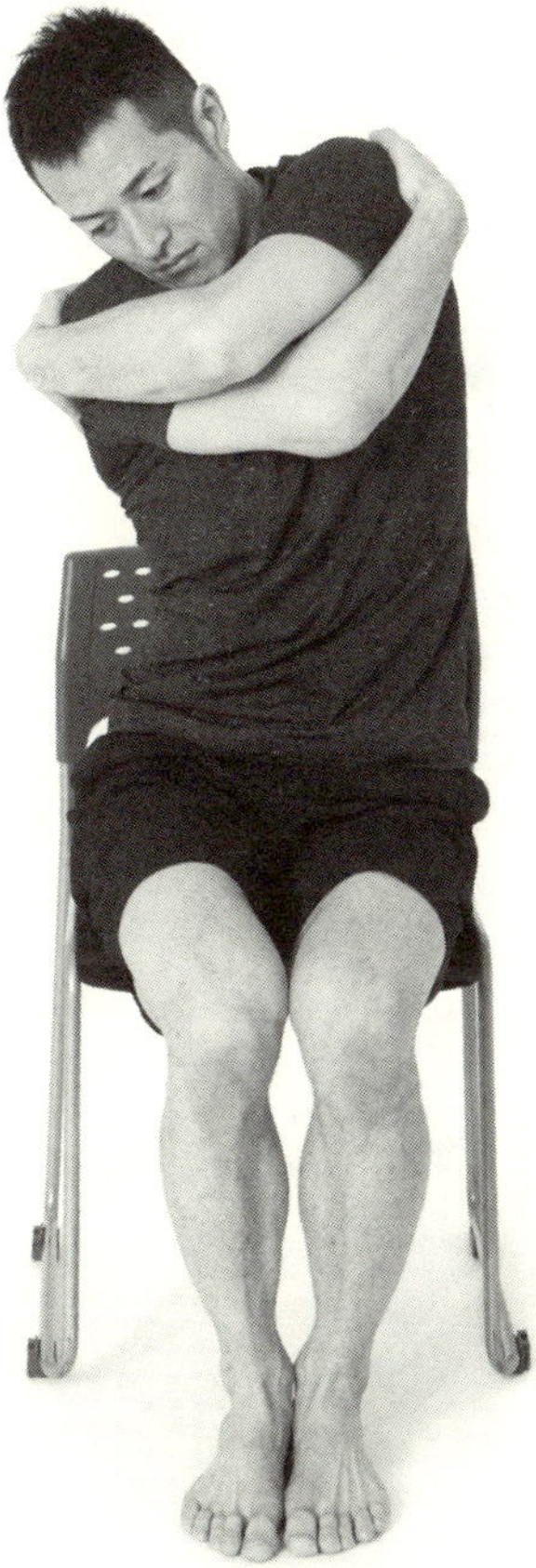

❽肩甲骨を抱えて背中を丸める。
❻〜❽は腕の上下を変えて行っても良い。

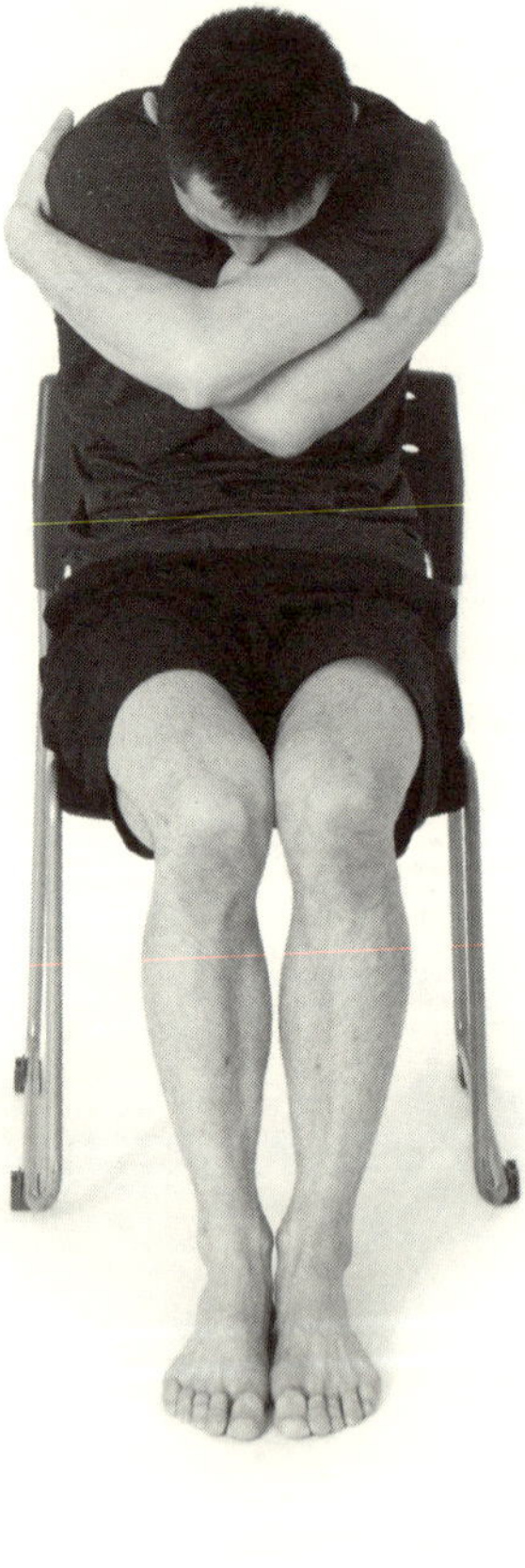

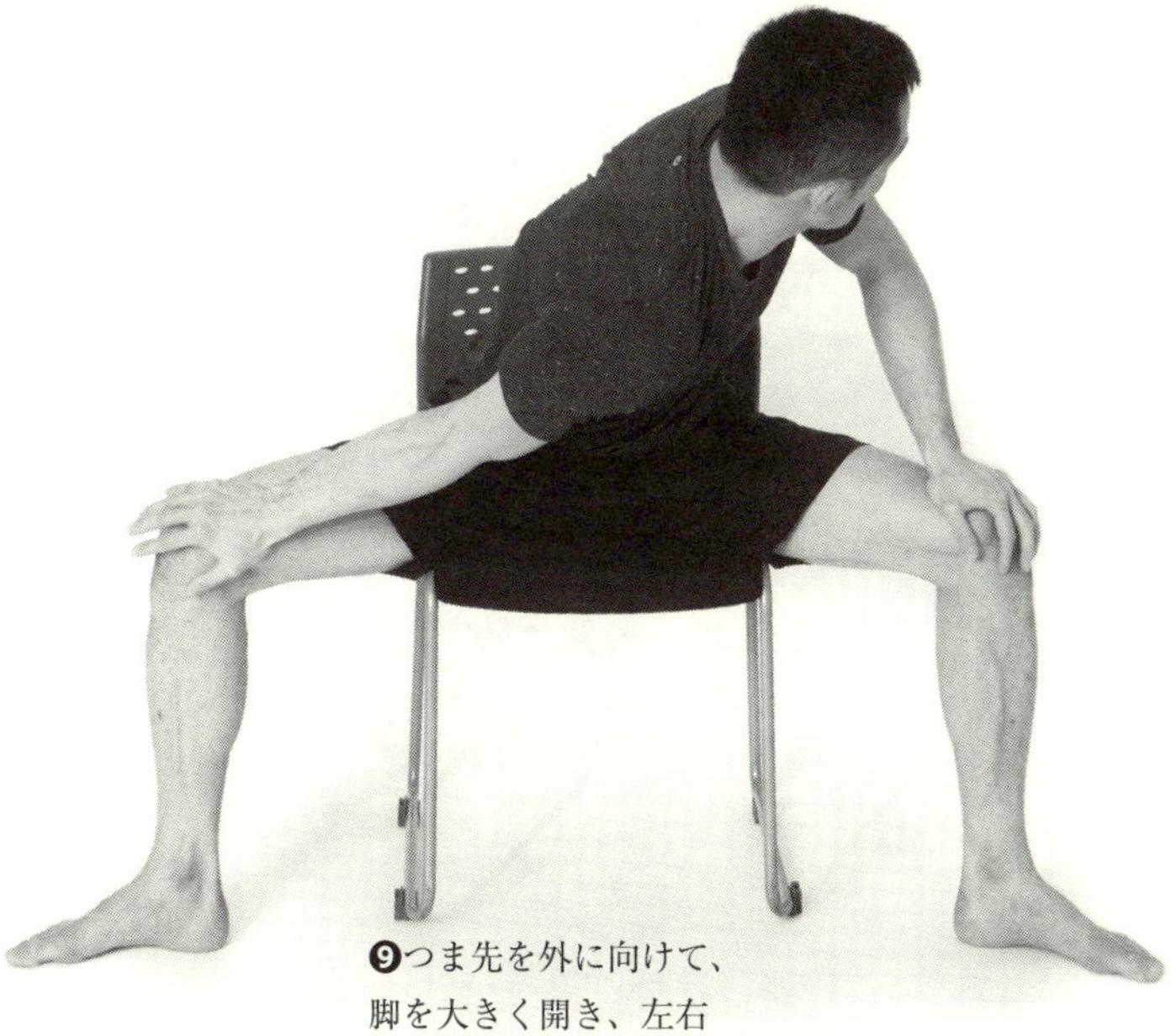

❾つま先を外に向けて、脚を大きく開き、左右に肩を入れる。

❿

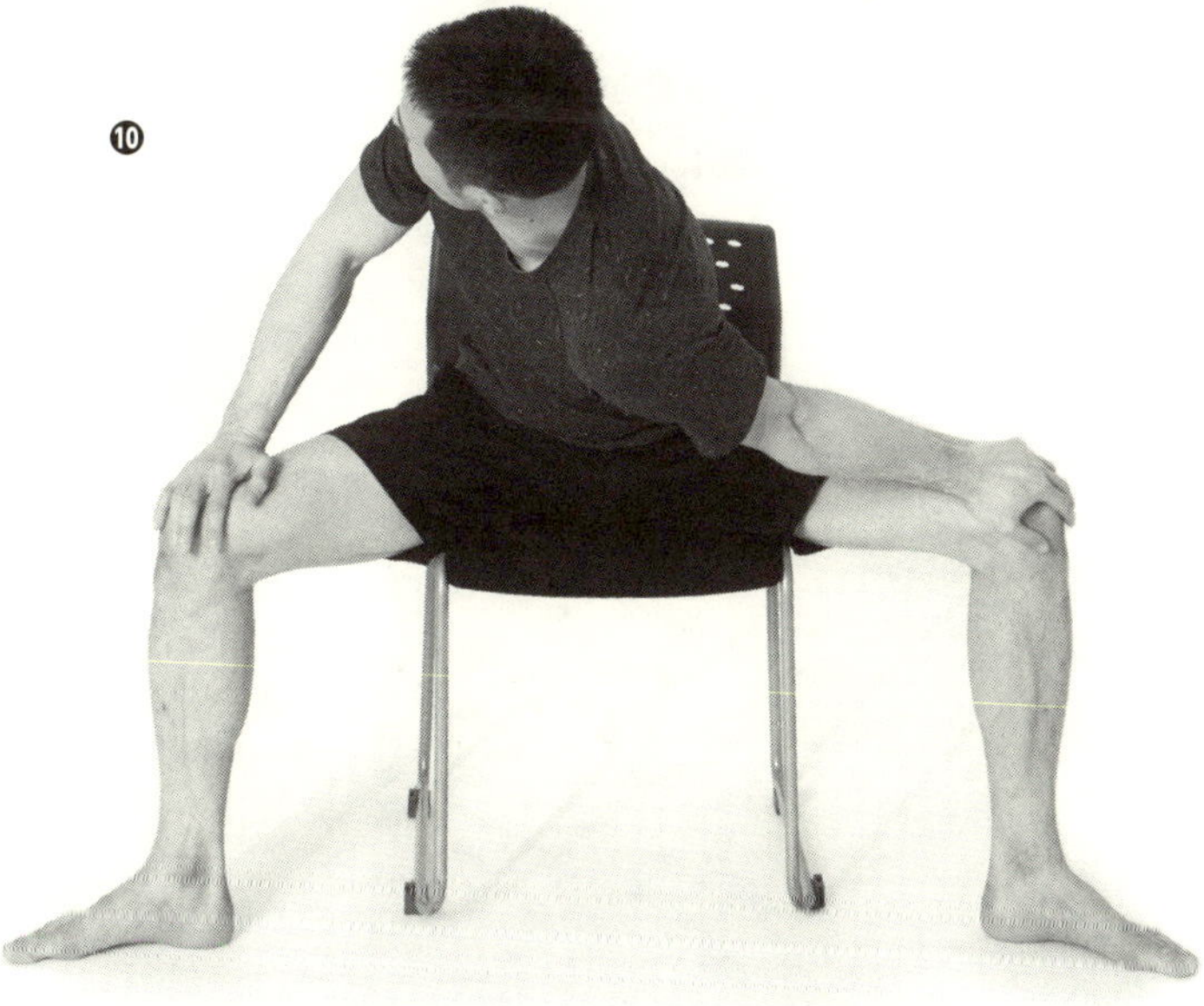

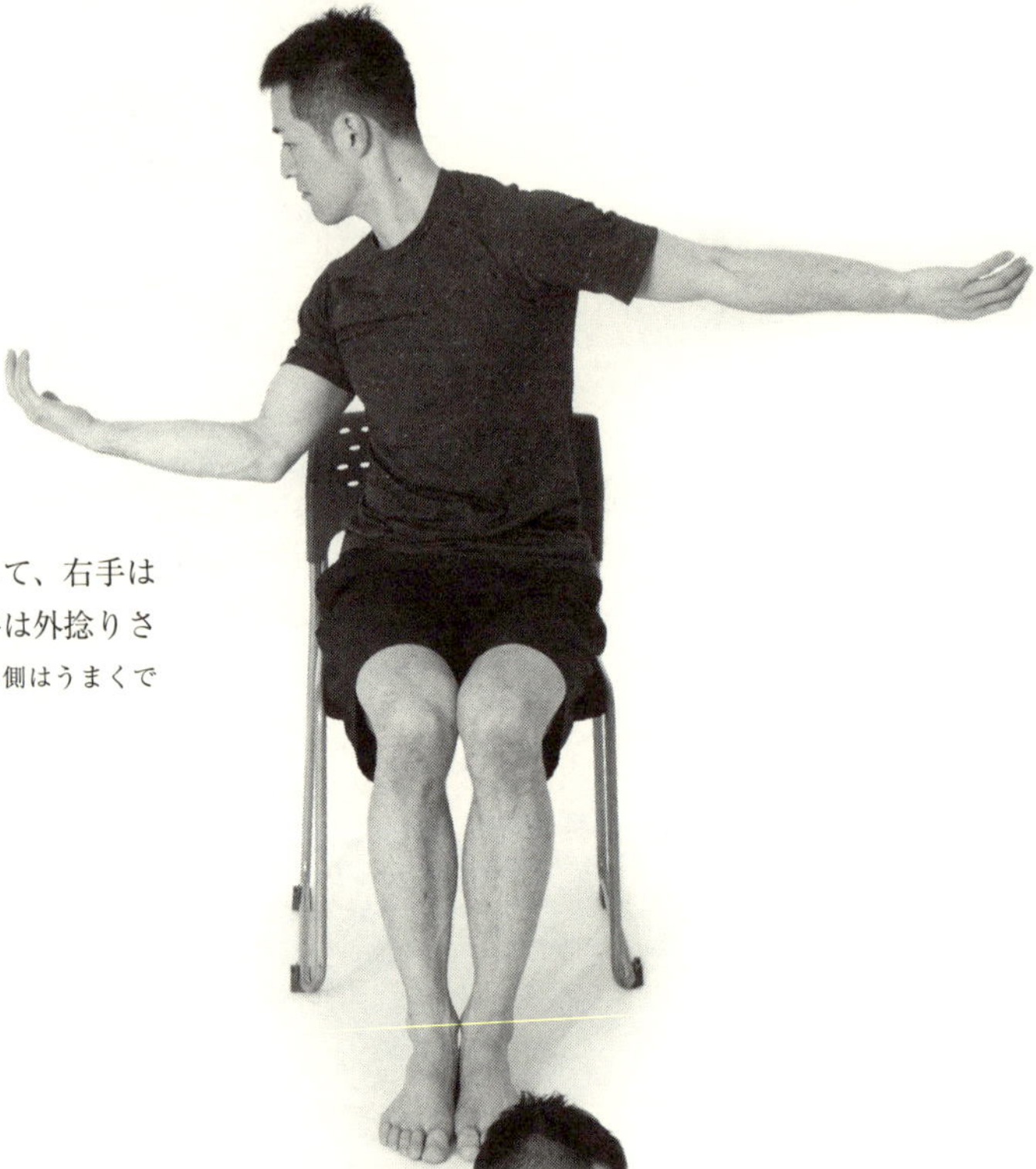

⓫両脚を閉じて、右手は内捻り、左手は外捻りさせる。（こちら側はうまくできていない）

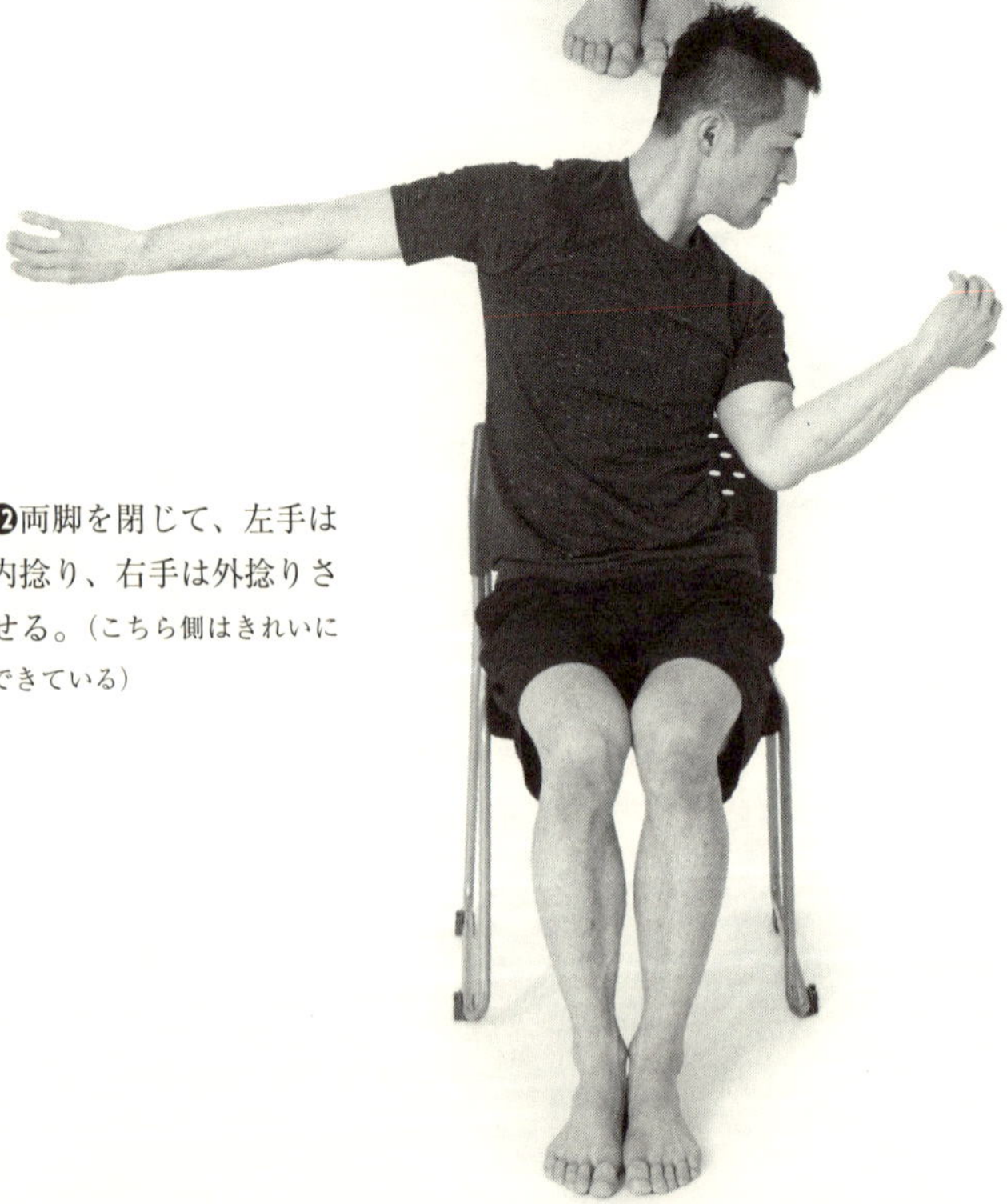

⓬両脚を閉じて、左手は内捻り、右手は外捻りさせる。（こちら側はきれいにできている）

⑬両脚を閉じて、右手はからだに近いところで外捻り、左手は高く伸ばして内捻りさせる。（こちら側はうまくできていない）

⑭両脚を閉じて、左手はからだに近いところで外捻り、右手は高く伸ばして内捻りさせる。（こちら側はきれいにできている）

⓯腿裏に手を入れて、背中を丸めたまま伸ばす。

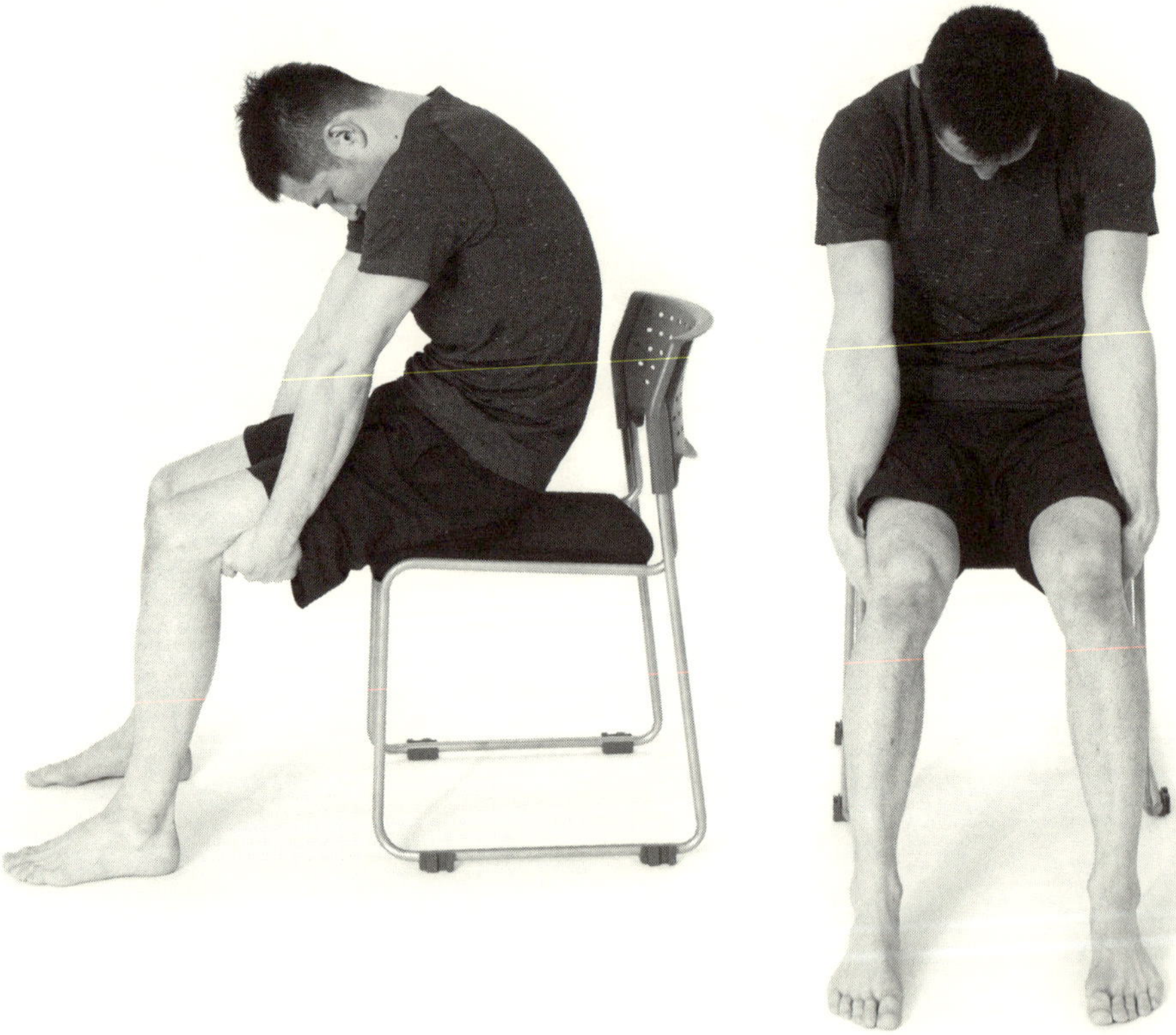

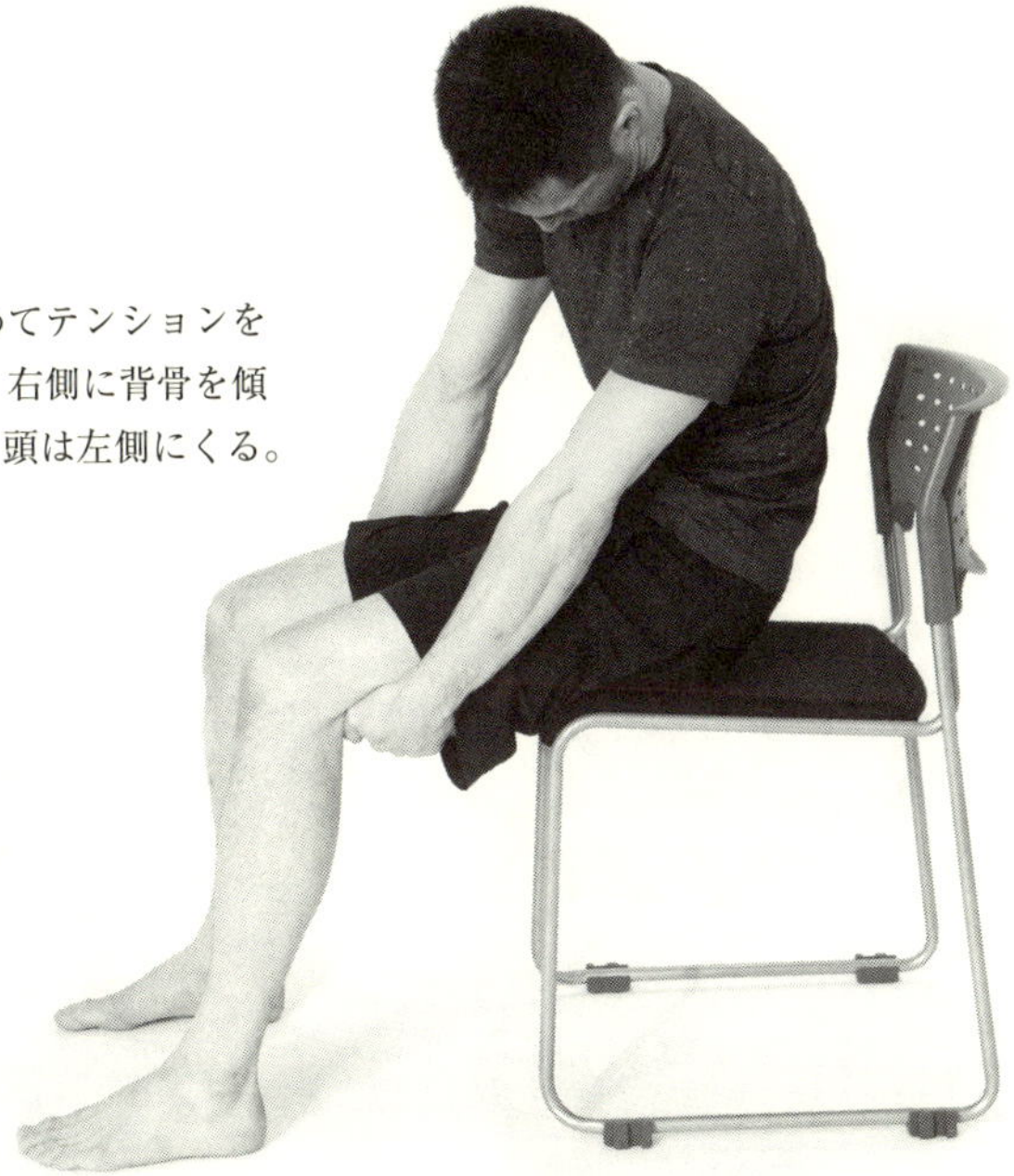

⓰背中を丸めてテンションをかけたまま、右側に背骨を傾ける（側屈）。頭は左側にくる。

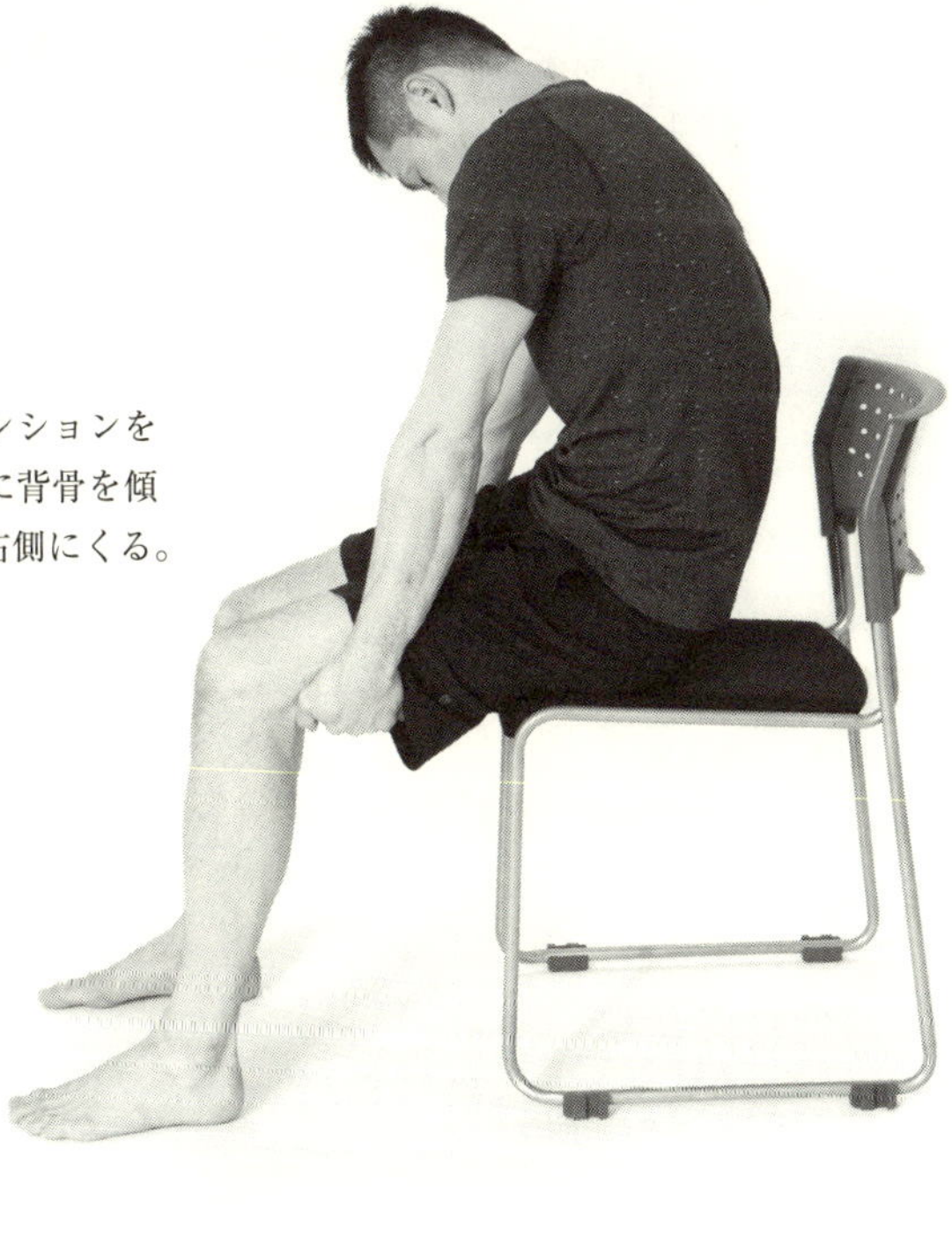

⓱背中を丸めてテンションをかけたまま、左側に背骨を傾ける（側屈）。頭は右側にくる。

⑱腕を交差させて左腿裏を保持し、背中を丸めたままテンションをかける。（腕の上下を入れ替えてもよい）

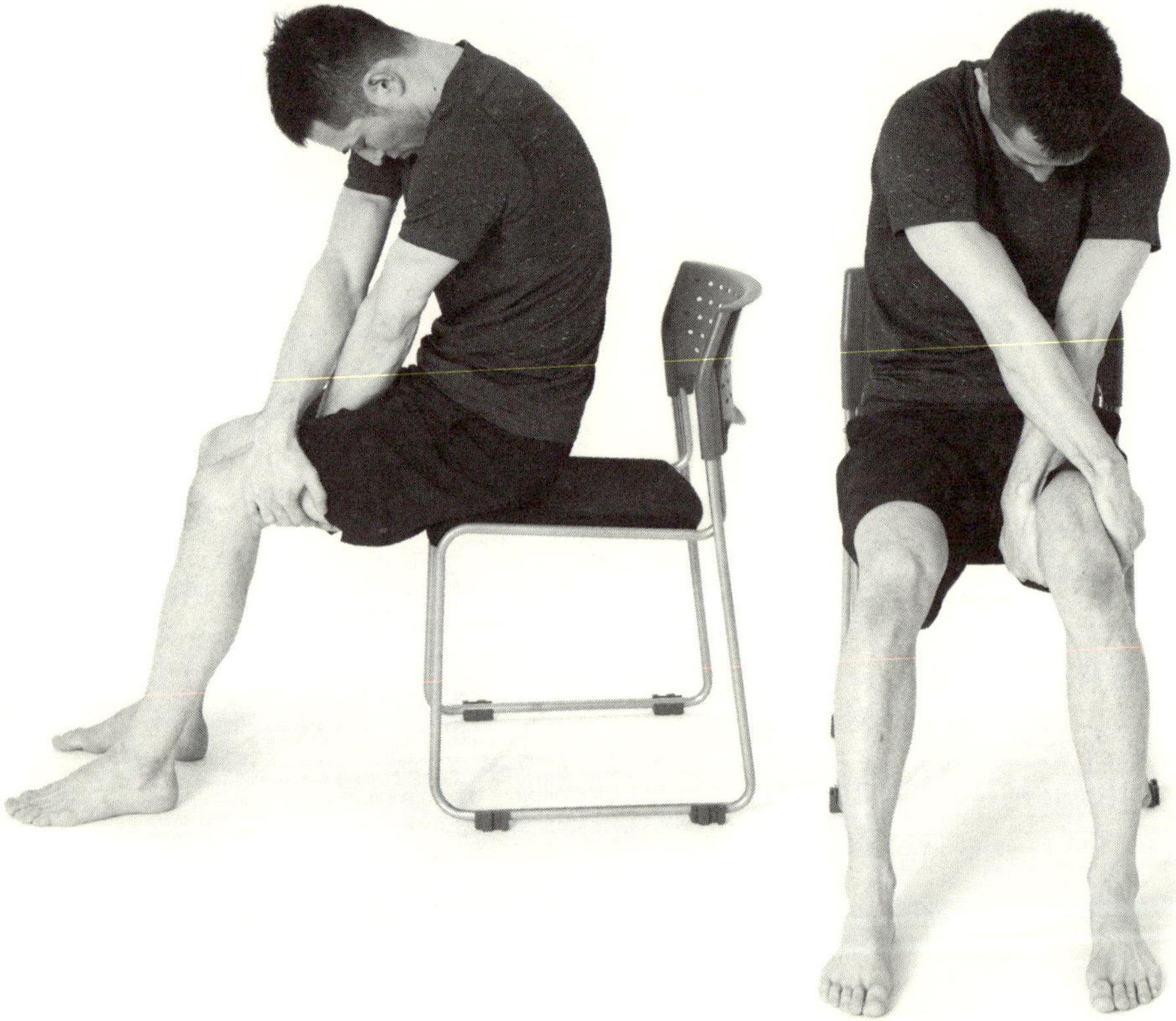

⑲腕を交差させて右腿裏を保持し、背中を丸めたままテンションをかける。（腕の上下を入れ替えてもよい）

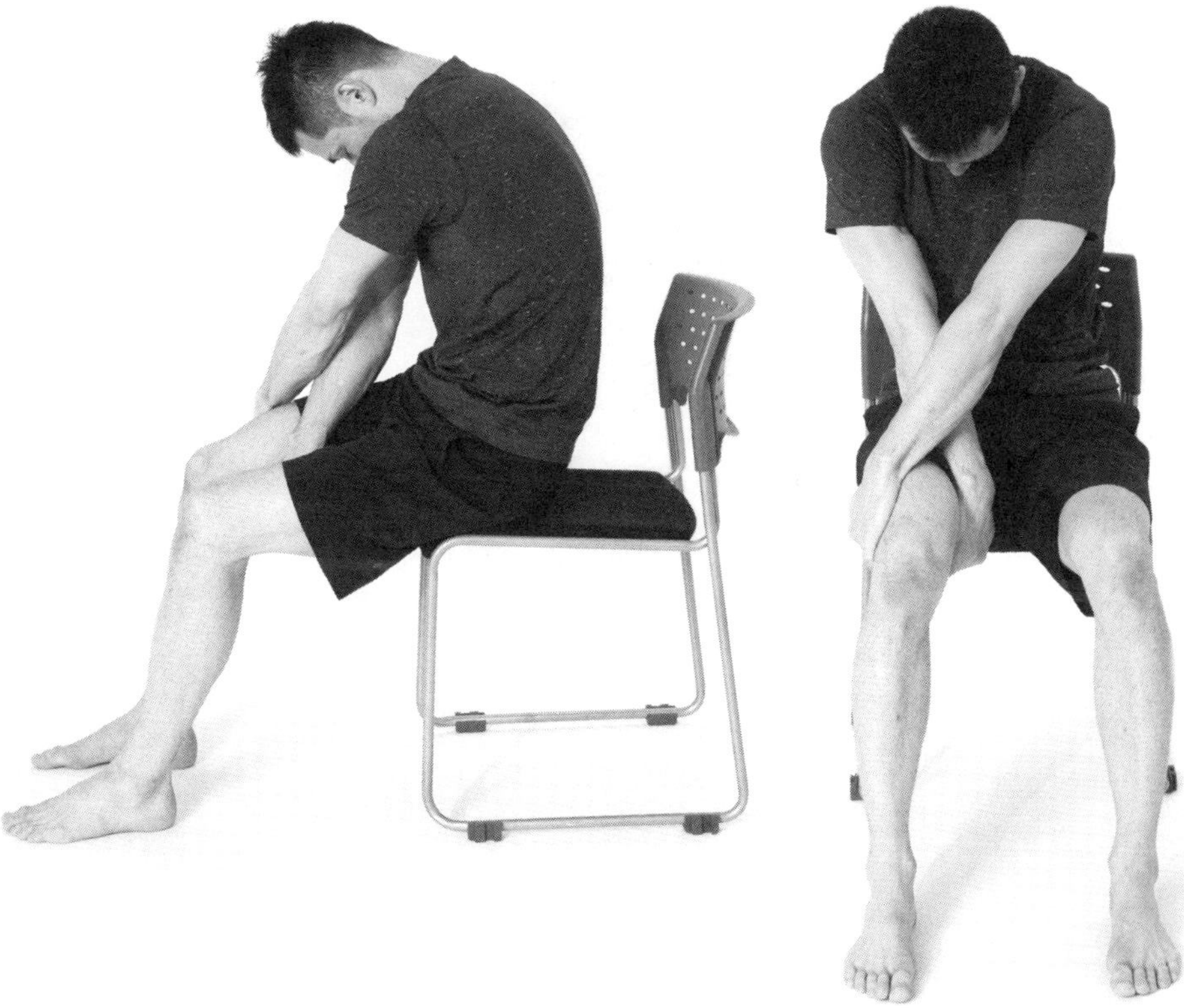

⑳同側の腿裏を逆手で保持し、背中を丸めたままテンションをかける。そのまま左右に背骨を傾けて（側屈させて）もよい。

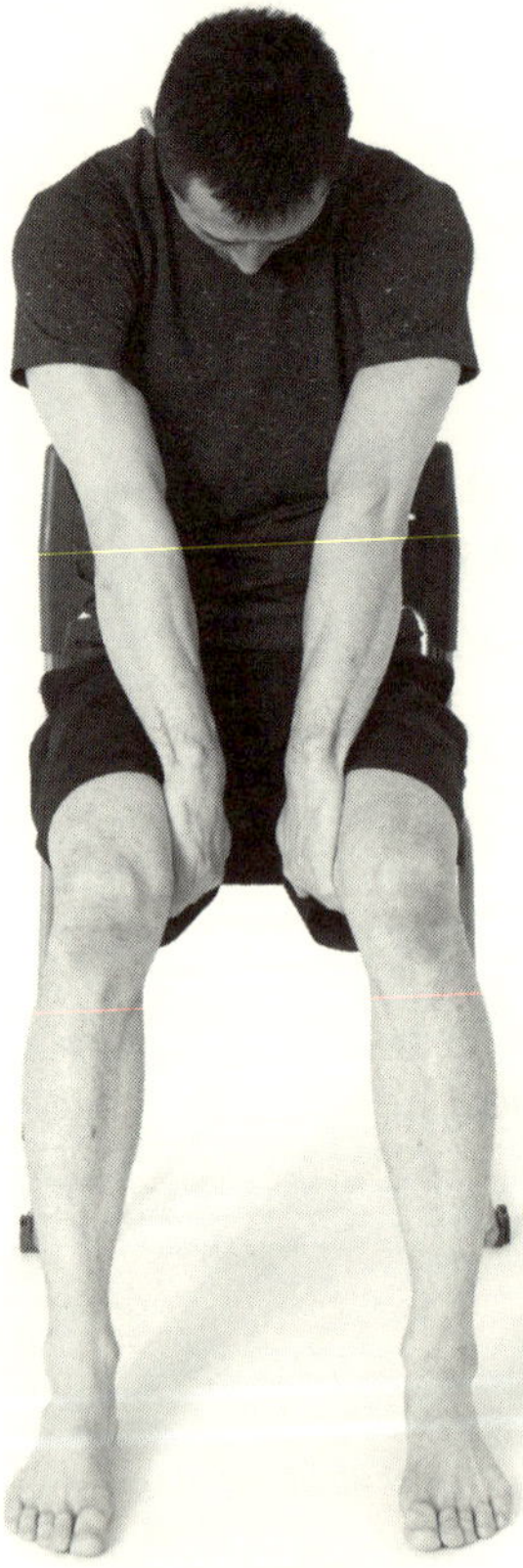

㉑順手で左腿裏を保持し、
背中を丸めたままテン
ションをかける。

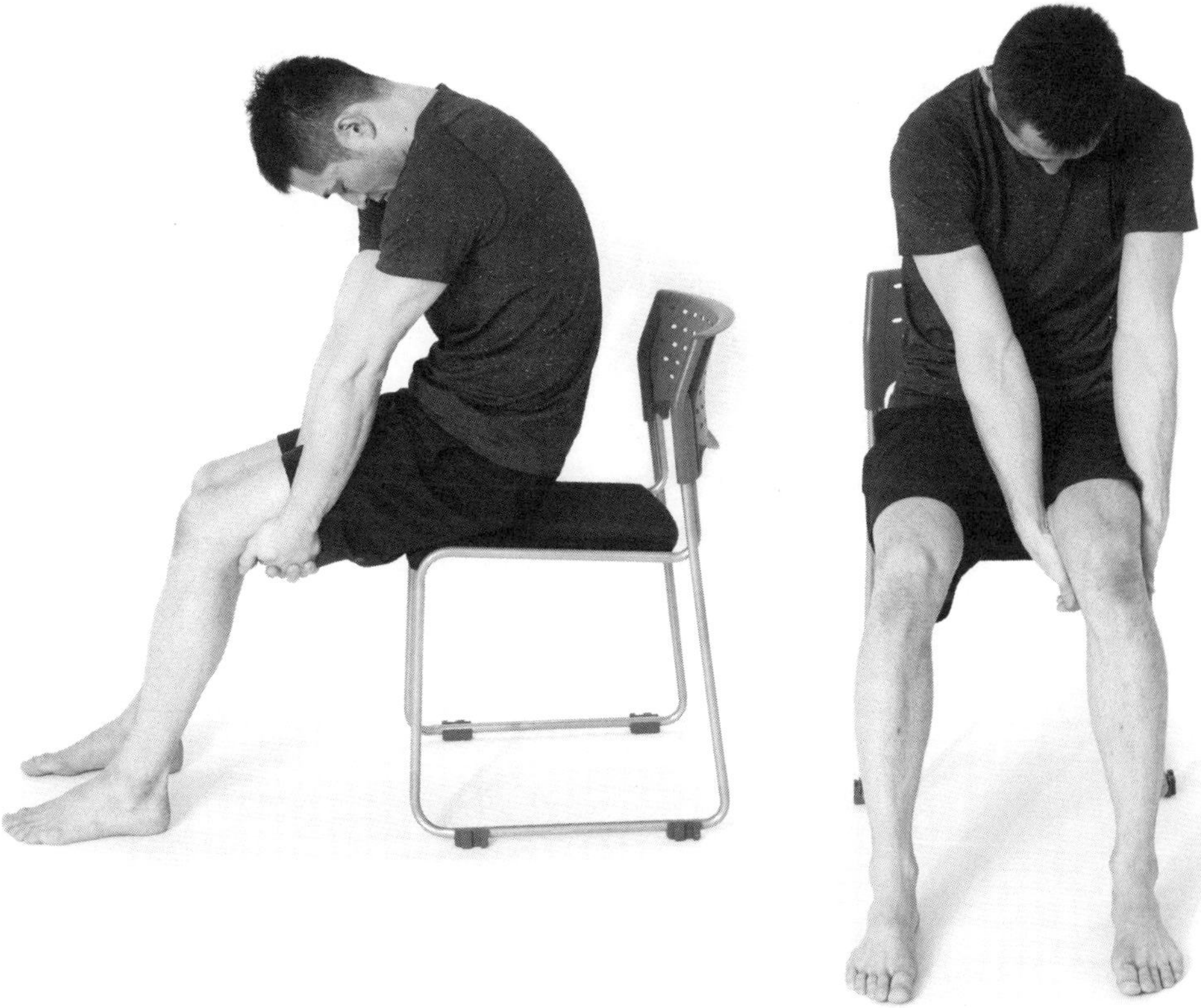

❷❷順手で右腿裏を保持し、
背中を丸めたままテン
ションをかける。

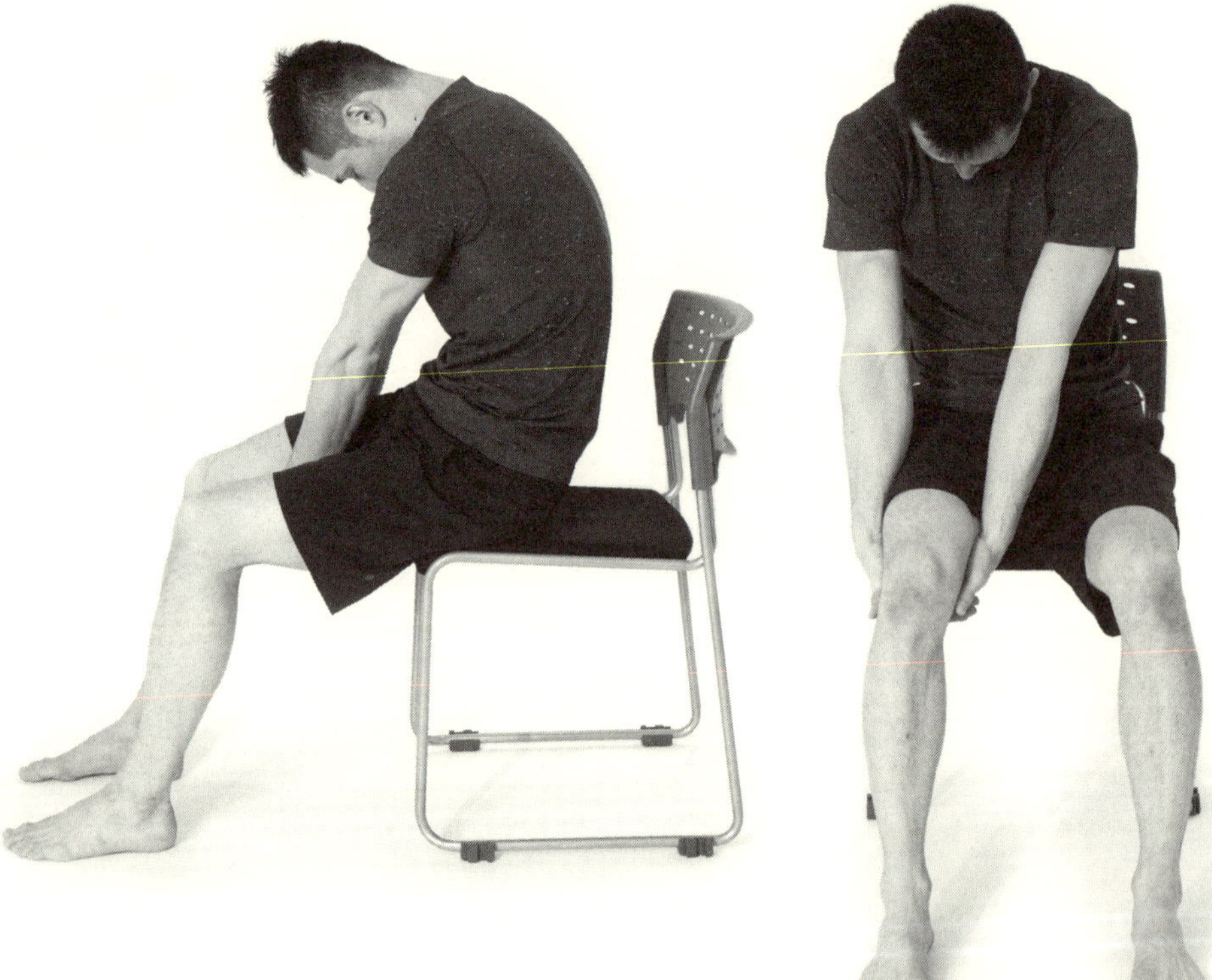

# 2 立位での3Dストレッチ

CHIBATORE

## point

骨盤から脚を動かすエクササイズ。足裏の接地を変えずに行う。骨盤が動きにくいと左右にバランスを崩しやすい。足のアーチが崩れたり、小指が浮いてしまったりするので注意する。

**[エクササイズの手順]**

❶何もしない状態でどのくらい前屈ができるか確認する。

❸

❷肩幅に脚を開いて立つ。手は腰にあて、つま先は正面に向ける。腰を左右（真横）にスライドさせる。膝は軽く曲げておく。

❺

❹つま先を内側に向けて、腰を左右にスライドさせる。

❻つま先を外側に向けて、腰を左右にスライドさせる。

❼

❽肩幅に脚を開いて立ち、
両つま先を内側に向けて
股関節を捻る。膝は軽く
曲げておく。

❾肩から回すのがポイント。

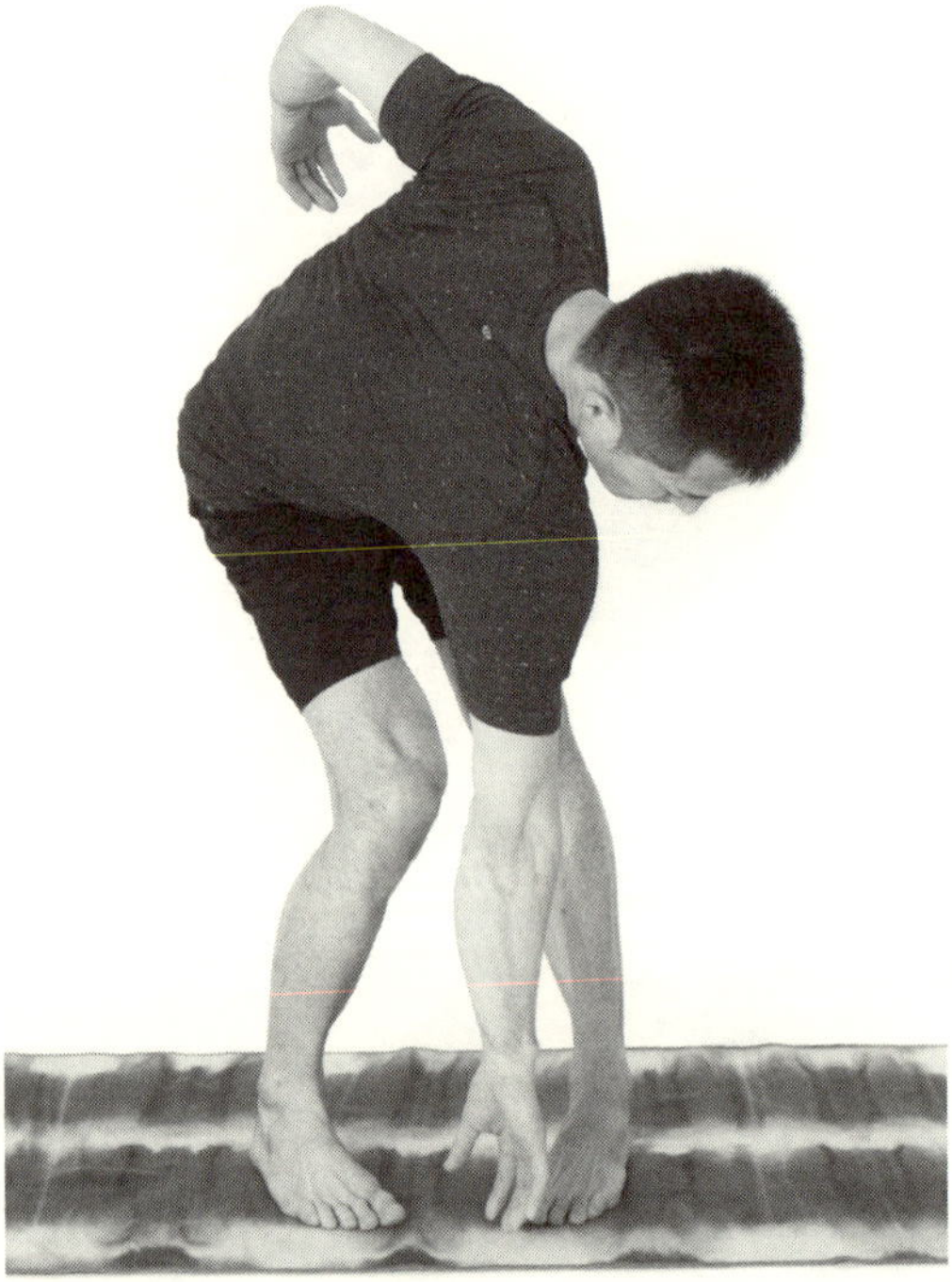

❿腕を内捻りさせながら、反対側のつま先に手の甲を向けていく。膝は軽く曲げておく。

⓫反対側も行う。

⓬つま先を外に開いて、同側の腕を外側に捻りながら手のひらで床に触れる。反対側の腕は90度に曲げて後ろに引く。膝は軽く曲げておく。

⓭反対側も行う。

⑭腕を内捻りさせながら、反対側のつま先方向に伸ばしていく。膝は軽く曲げておく。

⑮反対側も行う。

⑯つま先を正面に向ける。片腕を外捻りさせながら手のひらで対角のつま先方向に接地する。反対側の腕は外捻りさせながら伸ばして開く。

⑰反対側も行う。

⑲

⑱つま先を内側に向けて、
⑯〜⑰の動きを行う。

㉑

⑳つま先を外側に向けて、
⑯〜⑰の動きを行う。

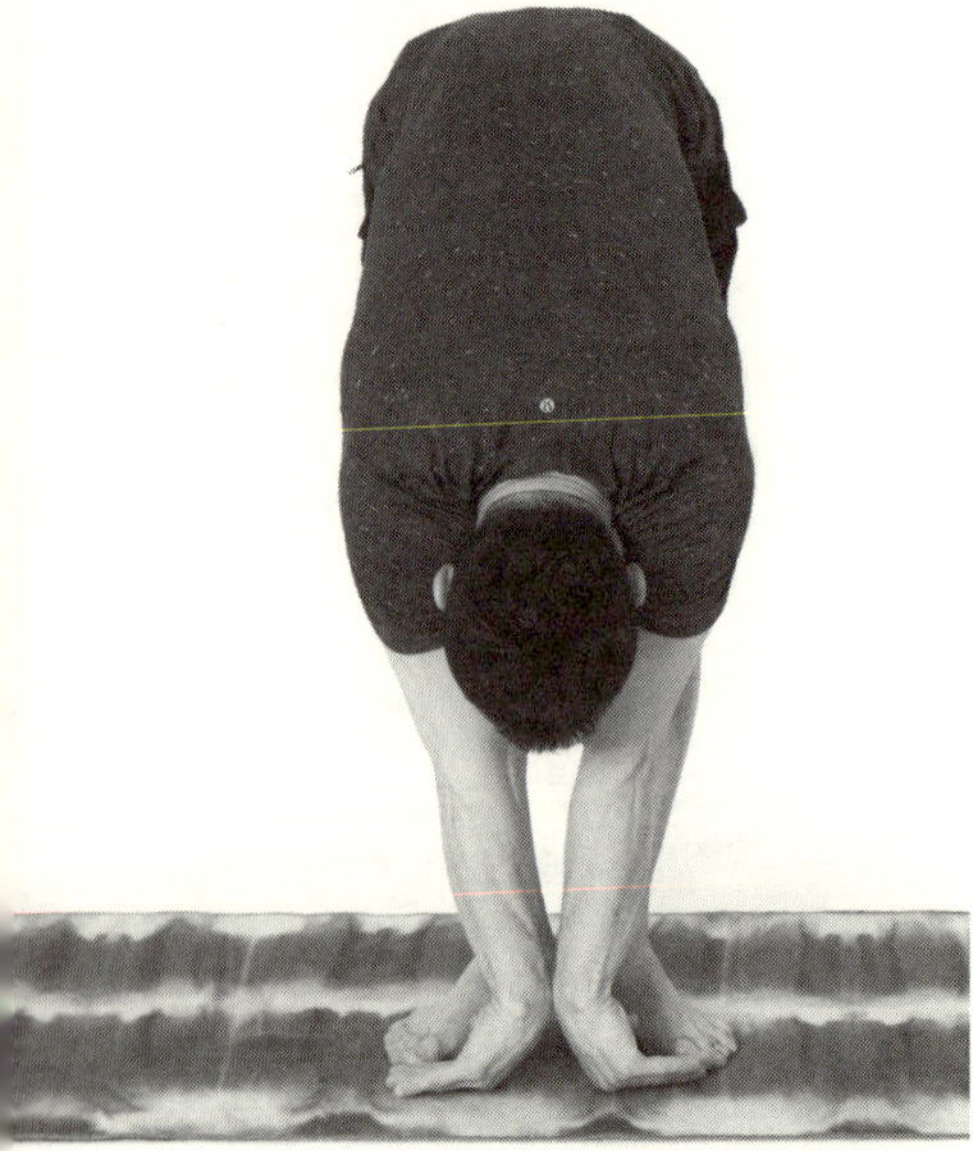

㉓つま先を外側に向けて、
手の甲が床につくように
前屈。膝は軽くゆるめて
おいてよい。

㉒つま先を内側に向けて、
手の甲が床につくように
前屈。膝は軽くゆるめて
おいてよい。

㉔つま先を正面に向けて、手の付け根が向き合うポジションで前屈。膝は軽くゆるめておいてよい。

㉕つま先を内側に向けて、手の付け根が向き合うポジションで前屈。膝は軽くゆるめておいてよい。

㉗指を軽く組んで、大きく背伸びをする。目線は組んでいる指に向ける。

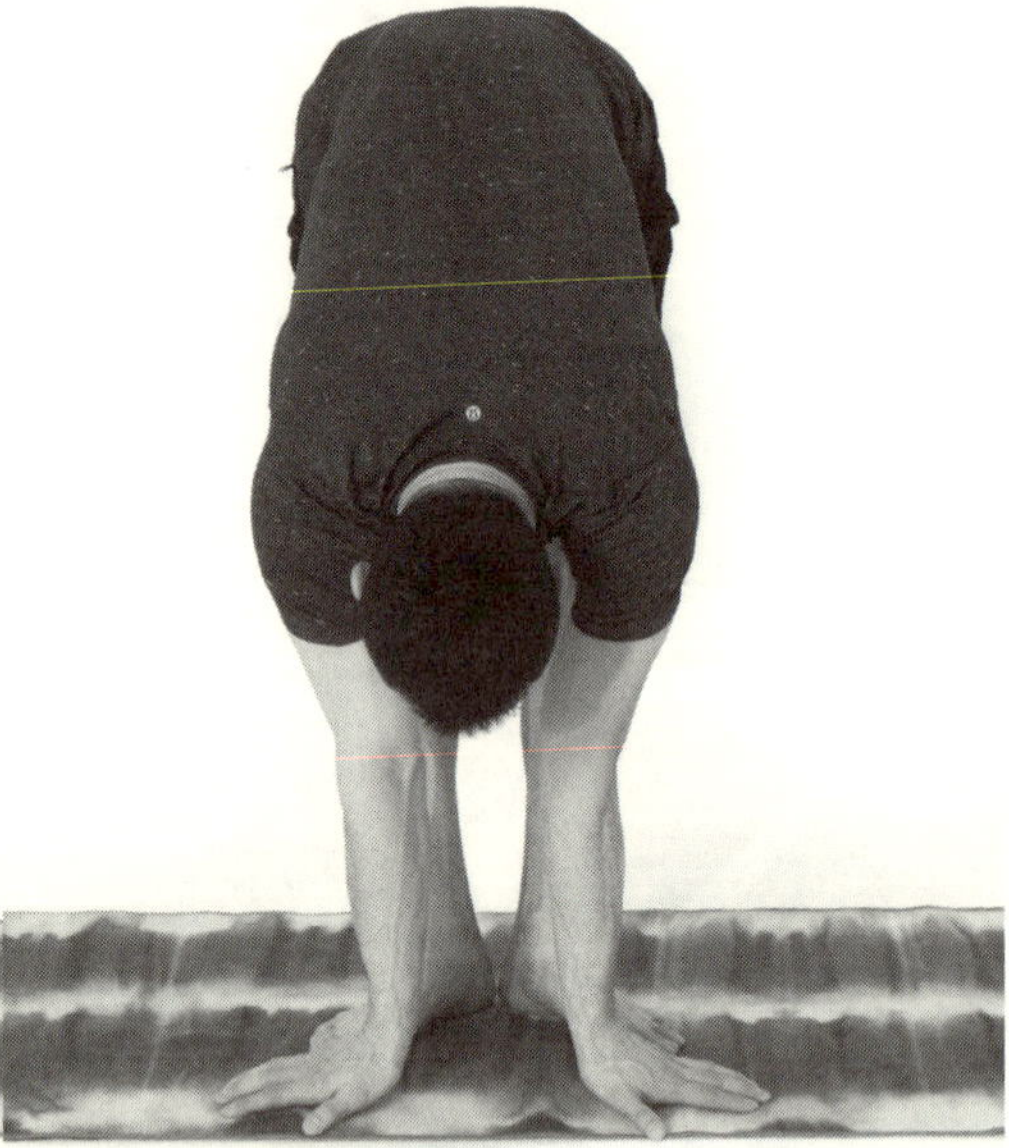

㉖つま先を外側に向けて、手の付け根が向き合うポジションで前屈。膝は軽くゆるめておいてよい。

㉘どのくらい前屈ができるように
なっているか確認する。

# おわりに

私はトレーナーになる前にプロボウラーを目指していました。ボウリングの能力を向上させるためにさまざまなトレーニングに取り組みましたが挫折の連続で、結局プロボウラーになる夢は叶いませんでした。その後クライミングに出会い、ジムや外岩をがむしゃらに登ってきましたが、そこでも失敗の連続が待っていました。

クライミングでもボウリングでも、さんざんにからだを痛めた経験があります。手首を痛めて、指も痛めて、肩も腰も、首も、膝も、足首も、肘も痛めました。あらゆる怪我と不調を経験しているといっても良いかもしれません。

けれども、その結果、すべての痛みと怪我について、それは自分の運動フォーム／ムーブが原因でそのような状況を引き起こした、ということを身をもって学びました。

治療により、そのとき怪我が治ったからＯＫではなく、動きを改善するために新しい運動フォーム／ムーブに取り組むことで、怪我や不調を克服するということ。そうした考え方の転換が必要であるということに気がついたのです。克服するということは、同じ原因で同じ怪我をくり返さないということです。

自然な動きを行っているときに怪我をすることはありません。不自然な動きを行っているときは、どこか無理が生じるので怪我をしやすくなります。また無理を続けることで知らぬ間に状態も悪くなっていきます。それが慢性化してしまうとなかなか気がつくことができず、大きな怪我やトラブルに至ってはじめて自分の状態に向き合うことになり、愕然とすることになります。

またこれまで一生懸命練習をしていても結果が出ない、という状態を長らく経験してきました。私自身の競技人生はその状態で閉じられ、終わりを迎えています。

トラブルを引き起こすからだの使い方やトレーニング方法とは何か、結果がでない練習とは何かを身をもって体験し、理解していることが私の最大の強みなのかもしれません。

皆さんにはそうした失敗や怪我をくり返して欲しくありません。

運動も競技も楽しいものです。楽しく取り組むことで成長を実感できるものなのです。ですから、チバトレでは、遠回りな失敗や不必要な怪我を経験することなく、からだの状態をバージョンアップさせる方法を提供するということを主眼においています。

本書を通して多くの方々にその方法を提供できるわけですから、私が体験した怪我やトラブルも無駄ではなかったと確信しています。

さて、察しの良い読者の方はお気づきになられたかもしれませんが、本書には「強化」という概念が含まれていません。本書はあくまで「基礎の身体の使い方」を紹介したもので、実際のトレーニングの現場では基礎ができるようになった人たちに対して「強化」を指導しています。

しかし基礎がない状態で「強化」を行ってしまうと、「強化」のトレーニングの中では基礎を育くむことができないので、結局抜け落ちている足りない部分が動きの中にできあがってしまうのです。そうなってしまうと成長があるところで止まってしまいます。そうなるとアスリートとして競技生活を送れる寿命も短くなりますし、身につけられるスキルが限られてしまいます。スランプにも陥りやすくなってしまいます。

ですから、トレーニングにおいては順番がとても大切になるのです。

本書ではトレーナーという仕事を長く経験してきた中で、いろんな理論や個々人のからだの特性があったとしても、これらの動きを先に身につけておいたほうが絶対に良いという鉄板のエクササイズを紹介しています。これらができていないといずれ脚をひっぱられることになりますし、逆にこれらができていることで成功に導かれるということを実体験として目にしてきています。

競技が弱い人ほど、どうやれば強くなれるのかがわからない。結果が出ている人ほど、何をやれば強くなれるかがわかっている。そんなパラドックスがアスリートの現場には横たわっています。この差がどこで生まれるかというとやはり基礎なのです。どうやれば強くなれるか（＝あなたには何が足りないか）へのヒントがちりばめられ、取り組むことで実際に基礎力を向上させるエクササイズが詰まっているのが本書なのです。

＊

人は、チャンスを与えてもらうことができなかったら、何かをなし遂げることはできません。どんなに実力がある（と思い込んでいる）人でも、周りの人の支えがなかったら、その実力を発揮することはできないのです。

本書は私を折々で支えてくれた人への恩返しの気持ちを込めています。

スポーツクラブに所属していた時に、スタジオレッスンを申し込んでくださった参加者の皆さん、独立してから行っていた講習会に来てくださった同業者であるトレーナーの皆さん、クライミングジムでのグループ講習会に参加してくれている皆さん、表参道 Re-New でのパーソナルレッスンを受けてくださっている皆さん、講習を受けてくださっている東京消防庁の皆さん、それからボウリングとクライミングの仲間たち、そして天国にいる母と活動を見守ってくれている父。

関わってくれたすべての人に感謝します。

本書が皆さんの運動を改善し、よりよい人生の目的を達成するための手助けになれば、とても嬉しいです。

二〇一八年二月吉日

千葉啓史

【著者について】

**千葉啓史**（ちば・ひろし）

1982年生まれ。日本体育大学卒業。現在表参道 Re-New にてオールジャンルのトップアスリートからアマチュアまで、主にパーソナルトレーニングの指導を行っている。また全国のクライミングジムや、教育機関などでグループ講習会を開催中。厳しくも的確な指導とその場で生み出される具体的で効果的なエクササイズの豊富さにより選手からの信頼も厚い。

表参道 re-new：http://renew-japan.com/
著者ブログ：https://ameblo.jp/chibatore/

**運動脳《うんどうのう》をグングン鍛《きた》えるチバトレ**
2018年3月20日　初版
2018年3月30日　2刷

著　者　千葉啓史
発行者　株式会社晶文社
東京都千代田区神田神保町1－11　〒101-0051
電話　03－3518－4940（代表）・4942（編集）
URL　http://www.shobunsha.co.jp

印刷・製本　中央精版印刷株式会社


ISBN978-4-7949-6990-3　Printed in Japan